文部科学省後援

実用フランス語技能検定試験

2022年度版

1級・準1級

仏検公式ガイドブック

傾向と対策＋実施問題

フランス語教育振興協会編

公益財団法人フランス語教育振興協会

音声について

本書の音声は、下記サイトより無料でダウンロード、
およびストリーミングでお聴きいただけます。

https://stream.e-surugadai.com/books/isbn978-4-411-90300-6/

＊ご注意

・PC からでも、iPhone や Android のスマートフォンからでも音声を再生いただけます。
・音声は何度でもダウンロード・再生いただくことができます。
・当音声ファイルのデータにかかる著作権・その他の権利は公益財団法人フランス語教育振興協会（駿河台出版社）に帰属します。無断での複製・公衆送信・転載は禁止されています。

別売 CD について

無料音声ダウンロードと同じ内容の別売 CD（1 部 2 千円税・送料込）をご用意しております。ご希望の方は、級・住所・連絡先を記入のうえ、仏検事務局まで現金書留をお送りください。

公益財団法人フランス語教育振興協会　仏検事務局
〒102–0073　千代田区九段北 1–8–1 九段 101 ビル

まえがき

21世紀はグローバル化の時代といわれます。そうであれば、世界から孤立せず、世界と対話し、平和で豊かな未来を切り拓くために、今こそいっそう多くの日本人が、さまざまな外国語をマスターしていくべきではないでしょうか。現代は多言語・多文化の世界へと移行しつつあり、そのなかでお互いを尊重しながら共生を目指すことが要請されているのです。英語一辺倒の方針では限界があるのは明らかでしょう。

世界の言語のなかでもとりわけフランス語は、フランスだけでなく、いくつもの国々や地域で話され、また、国連をはじめとする国際機関の公用語としても使われている重要な言語のひとつです。さらに、フランス語は、人類にとって普遍的な価値や独創的な文化を担ってきた言語でもあります。2021年に東京で開かれたオリンピック・パラリンピックは、2024年にはパリで開催されますが、とりわけオリンピックの第一公用語はフランス語です。開会式では、開催国の言語のほかフランス語と英語で出場国が紹介されますが、その際、最初にアナウンスされるのはフランス語なのです。2024年には、多くの人々がパリを訪れるでしょう。皆さんもこれを機にフランス語を学び、ぜひフランスに触れてみてください。たとえ現地に行かなくとも、いまはインターネットなどさまざまなコミュニケーションの手段があります。かならずや多くの貴重な体験が得られるはずです。

ビジネスの世界では、フランスの企業が次々に日本に進出してくる一方、日本の企業もフランス語圏に広く展開しています。トヨタ、ユニクロ、無印良品のフランス進出などはその典型的な例です。いまや英語ができてあたりまえとされるビジネスの世界にあっても、さらにフランス語も使いこなせるとなれば、チャンスがさらに広がることはまちがいないでしょう。他方、フランス語をマスターしてアフリカ諸国で国際協力、援助活動に従事している人も少なくありません。このようにフランス語を学び使いこなせるようになることは、自分の人生をより豊かに生きる道につながります。

日本の学習者を対象とし、文部科学省とフランス大使館文化部の後援を受けて、1981年以来実施されている「仏検」は、フランス語を聞き・話し・読み・書く能力をバランスよく客観的に評価する検定試験として、ますます高い評価を受けています。1級・準1級・2級・準2級・3級・4級・5級の7段階を合わせて毎年3万人近くが受験しています。また、大学の単位認定や編入学試験、大学院入試等に利用されるケースも多くなっています（多数の学生が受験している学校のリストが巻末にありますので、ご参照ください）。

本書は、1級・準1級の「傾向と対策」および2020年度秋季と2021年度春季・秋季に実施した試験問題（コロナ禍のため、2020年度春季は試験を実施することができませんでした）、およびそれについてのくわしくていねいな解説と解答を掲載した公式ガイドブックです。

なお、書き取り・聞き取り試験の音声を無料でダウンロードすることができます（別売のCDをご希望の方は、仏検事務局までお問合せください）。

本書の執筆分担は以下のとおりです（* は各級の監修者）。

2020年度秋期

1級：寺田寅彦・荒木善太 *

準1級：池田潤・井上櫻子 *

2021年度

1級：前之園望・井上櫻子 *

準1級：足立和彦・寺田寅彦 *

また、本書の別冊として、これまでの実施問題を精選して詳細な解説を施した『セレクション』が級毎に刊行されています。フランス語の実力アップと仏検合格のために、2つの公式ガイドブックをどうぞご活用ください。

2022年3月

公益財団法人　フランス語教育振興協会

目　次

実用フランス語技能検定試験　実施要領

実用フランス語技能検定試験（仏検）は、年 2 回、春季（1 次試験 6 月・2 次試験 7 月）と秋季（1 次試験 11 月・2 次試験 1 月）に実施しております。ただし、1 級は春季のみ、準 1 級は秋季のみの実施です。

2 次試験は 1 級・準 1 級・2 級・準 2 級の 1 次試験合格者が対象です。なお、隣り合う 2 つの級まで併願が可能です。

また、出願の受付期間は、通常、春季は 4 月から 5 月中旬、秋季は 9 月から 10 月中旬です。

◆ 各級の内容

1 級（春季のみ）	《1 次》	筆記試験（記述式・客観形式併用）	120 分
		書き取り・聞き取り試験	約 40 分
	《2 次》	面接試験	約 9 分
準 1 級（秋季のみ）	《1 次》	筆記試験（記述式・客観形式併用）	100 分
		書き取り・聞き取り試験	約 35 分
	《2 次》	面接試験	約 7 分
2 級	《1 次》	筆記試験（記述式・客観形式併用）	90 分
		書き取り・聞き取り試験	約 35 分
	《2 次》	面接試験	約 5 分
準 2 級	《1 次》	筆記試験（記述式・客観形式併用）	75 分
		書き取り・聞き取り試験	約 25 分
	《2 次》	面接試験	約 5 分
3 級		筆記試験（客観形式・記述式）	60 分
		聞き取り試験	約 15 分
4 級		筆記試験（客観形式）	45 分
		聞き取り試験	約 15 分
5 級		筆記試験（客観形式）	30 分
		聞き取り試験	約 15 分

◆ 受験地（2022 年度春季〈予定〉）

1 次試験　札幌、弘前、盛岡、仙台、秋田、福島、水戸、宇都宮、群馬、草加、千葉、東京、横浜、新潟、富山、金沢、甲府、松本、岐阜、静岡、名古屋、京都、大阪、奈良、松江、岡山、広島、高松、松山、福岡、長崎、熊本、別府、薩摩川内、沖縄、パリ

2 次試験　札幌、盛岡、仙台、群馬、東京、新潟、金沢、静岡、名古屋、京都、大阪、松江、岡山、広島、高松、福岡、長崎、熊本、沖縄、パリ

＊上記の受験地は、季ごとに変更となる可能性があります。また、会場によって実施される級がことなる場合がありますので、くわしくは、最新の仏検受験要項・願書または APEF のホームページをご覧ください。

＊最終的な受験地・試験会場の詳細は、受験票の発送をもってお知らせします。

◆ 出願方法　下記の 2 つの方法からお選びください

1. **インターネット申込**：詳細は APEF のホームページをご覧ください。
2. **郵送申込**：受験要項・願書を入手→検定料納入→願書提出、の順でお手続きください。

＊全国の仏検特約書店・大学生協では願書・要項を配布、あわせて検定料の納入を受け付けております。

＊願書・要項は仏検事務局へ電話・E-mail 等で請求なさるか、APEF ホームページよりダウンロードして入手なさってください。

◆ 合否の判定とその通知

級によりことなりますが、60～70％の得点率を目安に出題するように努めています。各級の合格基準は、審査委員会がさまざまな条件を総合的に判断して決定しています。

結果通知には合否のほか、合格基準点、合格率とご本人の得点が記載されます。

◆ お問い合わせ先

公益財団法人　フランス語教育振興協会（APEF）　仏検事務局

〒 102-0073　東京都千代田区九段北 181　九段 101 ビル
TEL:　03-3230-1603　　FAX:　03-3239-3157
E-mail: dapf@apefdapf.org
URL:　https://apefdapf.org

2020年度仏検受験状況

級（季）	出願者数	1次試験			1次試験免除者数	2次試験		
		受験者数	合格者数	合格率		受験者数	合格者数	最終合格率
1級（秋）	403名	362名	54名	14.9%	9名	62名	54名	14.6%
準1級（秋）	889名	763名	191名	25.0%	36名	212名	172名	21.9%
2級（秋）	1,427名	1,250名	448名	35.8%	48名	465名	409名	32.3%
準2級（秋）	1,548名	1,355名	820名	60.5%	56名	828名	764名	56.1%
3級（秋）	2,717名	2,446名	1,542名	63.0%				
4級（秋）	2,300名	2,111名	1,690名	80.1%				
5級（秋）	1,989名	1,866名	1,593名	85.4%				

＊新型コロナウイルス感染症拡大を受けて、2020年度は春季試験を中止し、秋季に1級を含めた全級を実施しました。

2021 年度仏検受験状況

級（季）	出願者数	1 次試験			1 次試験免除者数	2 次試験		
		受験者数	合格者数	合格率		受験者数	合格者数	最終合格率
1 級	460 名	413 名	48 名	11.6%	7 名	54 名	46 名	11.0%
準 1 級	918 名	811 名	218 名	26.9%	30 名	231 名	184 名	22.3%
2 級（春）	1,232 名	1,065 名	398 名	37.4%	53 名	434 名	358 名	32.5%
（秋）	1,313 名	1,155 名	404 名	35.0%	57 名	424 名	384 名	32.7%
準 2 級（春）	1,234 名	1,066 名	658 名	61.7%	48 名	684 名	596 名	54.6%
（秋）	1,412 名	1,232 名	710 名	57.6%	50 名	719 名	628 名	50.6%
3 級（春）	2,164 名	1,929 名	1,079 名	55.9%				
（秋）	2,811 名	2,520 名	1,414 名	56.1%				
4 級（春）	1,719 名	1,571 名	1,305 名	83.1%				
（秋）	2,905 名	2,695 名	2,013 名	74.7%				
5 級（春）	1,292 名	1,173 名	1,043 名	88.9%				
（秋）	1,987 名	1,842 名	1,576 名	85.6%				

＊ 1 級は春季のみ、準 1 級は秋季のみ

1級

1 級の内容と程度

程 度

「読む」「書く」「聞く」「話す」という能力を高度にバランスよく身につけ、フランス語を実地に役立てる職業で即戦力となる。ヨーロッパ言語共通参照枠（CEFR）の C1/C2 にほぼ対応しています。

標準学習時間：600 時間以上

試験内容

読 む	現代フランスにおける政治・経済・社会・文化の幅広い領域にわたり、新聞や雑誌の記事など、専門的かつ高度な内容の文章を、限られた時間のなかで正確に読み取ることができる。
書 く	あたえられた日本語をフランス語としてふさわしい文に翻訳できる。その際、時事的な用語や固有名詞についての常識も前提となる。
聞 く	ラジオやテレビのニュースの内容を正確に把握できる。広く社会生活に必要なフランス語を聞き取る高度な能力が要求される。
話 す	現代社会のさまざまな問題について、自分の意見を論理的に述べ、相手と高度な議論が展開できる。
文法知識	文の書きかえ、多義語の問題、前置詞、動詞の選択・活用などについて、きわめて高度な文法知識が要求される。

語彙：制限なし

試験形式

1 次試験（150 点）

筆 記	問題数 9 問、配点 100 点。試験時間 120 分。記述式、一部マークシート方式。
書き取り	問題数 1 問、配点 20 点。試験時間（下記聞き取りと合わせて）約 40 分。
聞き取り	問題数 2 問、配点 30 点。語記入、マークシート方式。

2 次試験（50 点）

個人面接試験	あたえられたテーマのなかから 1 つを選び、論述と質疑応答をおこなう。 試験時間約 9 分。

1 級の傾向と対策

「1 級の内容と程度」（p.13）にも示すように、仏検 1 級は、合格者のフランス語運用能力が、「フランス語を実地に役立てる職業で即戦力となる」レベルにあることを認定するもので、実際に 2013 年度から、1 級合格者に対して、通訳案内士外国語筆記試験が免除されています。

標準学習時間は「600 時間以上」とされていますが、この数字はあくまで目安にすぎず、1 級の試験では、受験者が、どこまでフランス語という言語で考え、また表現することにこだわりをもっているか、という点が如実にためされることになります。たとえば文章の読解にしても、1 級の試験が前提にしているのは、フランス語を日本語に置きかえるのではなく、フランス語をフランス語のまま理解し、場合によっては文章の行間にも目を向けて言外のニュアンスを汲み取るということですから、付け焼き刃の知識では歯が立たないことは言うまでもありません。とはいえ、試験である以上、出題には一定の傾向があり、とりわけ 1 次試験の場合、過去の問題にあたって出題の要点をおさえておくことは有効な対策になるはずです。

1 級の 1 次試験（150 点満点）は、

筆記試験 [1] ～ [9]（100 点満点）
書き取り（20 点満点）
聞き取り [1]、[2]（30 点満点）

の 12 の大問から構成されています。

このうち筆記 [1]（名詞化）および [9]（和文仏訳）では**文または文章の構成力**が、筆記 [2]（多義語）、[3]（前置詞）および [4]（時事用語・常用語）では主として**語彙の知識**が問われることになりますが、筆記 [5]（動詞活用）、[6]（長文完成）、[7]（内容一致）、[8]（日本語要約）および書き取り、聞き取り [1]、[2] では、問題の形式はそれぞれことなるものの、いずれも**長文の内容の把握**が解答の前提になります。見方を変えて言えば、1 級の試験では、ほとんどの設問で**文脈の理解**と内容の**パラフレーズ**のいずれか —— または その双方 —— が問題になるということです。以下、この点を念頭に置いたうえで、2020 年度および 2021 年度の「問題と解説」を熟読し、それぞれの問題の解法の要点をおさえるようにしてください。また、1 次試験の各問については、本書の別冊である『仏検公式ガイドブック1級セレクション』にくわしい分析と解説がありますので、ぜひこちらも参照してください。

なお、1級1次試験の合格基準点は、例年、85〜90点前後（得点率56〜60％程度）で推移しており、およそ6割の得点率が1次試験突破の目安と言ってよいでしょう。

解答用紙（雛型）（67%縮小）

表面

2021年度　春季　実用フランス語技能検定試験（1級）筆記試験　解答用紙

会　場　名
氏　名

会場コード					
⓪	⓪	⓪	⓪	⓪	⓪
①	①	①	①	①	①
②	②	②	②	②	②
③	③	③	③	③	③
④	④	④	④	④	④
⑤	⑤	⑤	⑤	⑤	⑤
⑥	⑥	⑥	⑥	⑥	⑥
⑦	⑦	⑦	⑦	⑦	⑦
⑧	⑧	⑧	⑧	⑧	⑧
⑨	⑨	⑨	⑨	⑨	⑨

受験番号							
⓪	⓪	⓪	⓪	⓪	⓪	⓪	⓪
①	①	①	①	①	①	①	①
②	②	②	②	②	②	②	②
③	③	③	③	③	③	③	③
④	④	④	④	④	④	④	④
⑤	⑤	⑤	⑤	⑤	⑤	⑤	⑤
⑥	⑥	⑥	⑥	⑥	⑥	⑥	⑥
⑦	⑦	⑦	⑦	⑦	⑦	⑦	⑦
⑧	⑧	⑧	⑧	⑧	⑧	⑧	⑧
⑨	⑨	⑨	⑨	⑨	⑨	⑨	⑨

記入およびマークについての注意事項

1. 解答にはかならずHBまたはBの黒鉛筆（シャープペンシルも可）を使用してください。ボールペンや万年筆等でマークした解答は機械による読み取りの対象とならないため、採点されません。
2. 記入は**太線の枠内**に、マークは◯の中を**正確に塗りつぶしてください**（下記マーク例参照）。
採点欄は塗りつぶさないでください。
3. 訂正の場合は、プラスチック製消しゴムできれいに消してください。
4. **解答用紙を折り曲げたり、破ったり、汚したりしないでください。**

マーク例

良い例	悪い例

1

解答番号	解答欄	採点欄
(1)		⓪①②③
(2)		⓪①②③
(3)		⓪①②③
(4)		⓪①②③

2

解答番号	解答欄	採点欄
(1)		②⓪
(2)		②⓪
(3)		②⓪
(4)		②⓪

3

解答番号	解答欄
(1)	①②③④⑤⑥⑦⑧
(2)	①②③④⑤⑥⑦⑧
(3)	①②③④⑤⑥⑦⑧
(4)	①②③④⑤⑥⑦⑧

4

解答番号	解答欄	採点欄
(1)		①⓪
(2)		①⓪
(3)		①⓪
(4)		①⓪
(5)		①⓪

5

解答番号	解答欄	採点欄
(1)		②⓪
(2)		②⓪
(3)		②⓪
(4)		②⓪
(5)		②⓪

6

解答番号	解答欄
(1)	①②③④⑤⑥⑦⑧
(2)	①②③④⑤⑥⑦⑧
(3)	①②③④⑤⑥⑦⑧
(4)	①②③④⑤⑥⑦⑧
(5)	①②③④⑤⑥⑦⑧

7

解答番号	解答欄
(1)	①②
(2)	①②
(3)	①②
(4)	①②
(5)	①②
(6)	①②

8

解答番号	採点欄
(1)	⓪①②③④⑤
(2)	⓪①②③④⑤
(3)	⓪①②③④⑤

9

採点欄
⓪①②③④⑤⑥⑦⑧⑨
⑩⑪⑫⑬⑭⑮⑯⑰⑱⑲⑳

8 9 の解答欄は裏面にあります。

裏面

8

(1)

(2)

(3)

9

表面

2021年度　春季　実用フランス語技能検定試験（1級）書き取り・聞き取り 試験　解答用紙

会　場　名

氏　名

会場コード					
0	0	0	0	0	0
1	1	1	1	1	1
2	2	2	2	2	2
3	3	3	3	3	3
4	4	4	4	4	4
5	5	5	5	5	5
6	6	6	6	6	6
7	7	7	7	7	7
8	8	8	8	8	8
9	9	9	9	9	9

受験番号							
0	0	0	0	0	0	0	0
1	1	1	1	1	1	1	1
2	2	2	2	2	2	2	2
3	3	3	3	3	3	3	3
4	4	4	4	4	4	4	4
5	5	5	5	5	5	5	5
6	6	6	6	6	6	6	6
7	7	7	7	7	7	7	7
8	8	8	8	8	8	8	8
9	9	9	9	9	9	9	9

記入およびマークについての注意事項

1. 解答にはかならずHBまたはBの黒鉛筆（シャープペンシルも可）を使用してください。ボールペンや万年筆等でマークした解答は機械による読み取りの対象とならないため、採点されません。
2. 記入は**太線の枠内**に、マークは◯の中を**正確に塗りつぶしてください**（下記マーク例参照）。
   採点欄は塗りつぶさないでください。
3. 訂正の場合は、プラスチック製消しゴムできれいに消してください。
4. **解答用紙を折り曲げたり、破ったり、汚したりしないでください。**

マーク例

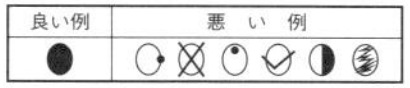

書き取り試験注意事項　（書き取り試験解答欄は裏面にあります。）

フランス語の文章を、次の要領で３回読みます。全文を書き取ってください。

・１回目は、ふつうの速さで全文を読みます。内容をよく理解するようにしてください。
・２回目は、ポーズをおきますから、その間に書き取ってください（句読点も読みます）。
・最後に、もう１回ふつうの速さで全文を読みます。
・読み終わってから３分後に、聞き取り試験にうつります。
・数を書く場合は、算用数字で書いてかまいません。（配点　20）

書き取り試験

採　点　欄										
0	1	2	3	4	5	6	7	8	9	
10	11	12	13	14	15	16	17	18	19	20

聞き取り試験

1

解答番号	解　答　欄	採点欄
(1)		2 0
		2 0
(2)		2 0
		2 0
(3)		2 0
		2 0
(4)		2 0
		2 0
(5)		2 0
		2 0

2

解答番号	解　答　欄	解答番号	解　答　欄
(1)	1 2	(6)	1 2
(2)	1 2	(7)	1 2
(3)	1 2	(8)	1 2
(4)	1 2	(9)	1 2
(5)	1 2	(10)	1 2

裏面

1級書き取り試験　解答欄

2020年度秋季
実用フランス語技能検定試験
筆記試験問題冊子　〈 1 級 〉

問題冊子は試験開始の合図があるまで開いてはいけません。

筆　記　試　験		14 時 45 分 ～ 16 時 45 分 (休憩 30 分)
書き取り 聞き取り	試験	17 時 15 分から約 40 分間

◇**筆記試験と書き取り・聞き取り試験の双方を受験しないと欠席になります。**

◇問題冊子は表紙を含め 12 ページ、全部で 9 問題です。

注　意　事　項

1　途中退出はいっさい認めません。

2　筆記用具は **HB または B の黒鉛筆** (シャープペンシルも可) を用いてください。ボールペンや万年筆等でマークした解答は機械による読み取りの対象とならないため、採点されません。

3　解答用紙の所定欄に、**受験番号**と**カナ氏名**が印刷されていますから、まちがいがないか、**確認**してください。

4　**マーク式の解答は、解答用紙の解答欄にマークしてください**。たとえば、3の (1) に対して ③ と解答する場合は、次の例のように解答欄の ③ にマークしてください。

例

3	解答番号	解　答　欄
	(1)	① ② ● ④ ⑤ ⑥ ⑦ ⑧

5　記述式の解答の場合、正しく判読できない文字で書かれたものは採点の対象となりません。

6　解答に関係のないことを書いた答案は無効にすることがあります。

7　解答用紙を折り曲げたり、破ったり、汚したりしないように注意してください。

8　問題内容に関する質問はいっさい受けつけません。

9　不正行為者はただちに退場、それ以降および来季以後の受験資格を失うことになります。

10　**携帯電話等の電子機器の電源はかならず切って、かばん等にしまってください。**通信機能のある時計は使用を禁じます。

11　**時計のアラームは使用しないでください。**

12　この試験問題の複製 (コピー) を禁じます。また、この試験問題の一部または全部を当協会の許可なく他に伝えたり、漏えいしたりすることを禁じます (インターネットや携帯サイト等に掲載することも含みます)。

1　例にならい、次の (1) ～ (4) のイタリック体の部分を名詞を使った表現に変え、全文をほぼ同じ内容の文に書きあらためて、解答欄に書いてください。(配点　12)

(例)：Pourquoi *a*-t-on *renvoyé* Jacques ?

→(解答)：Quelles sont les raisons du renvoi de Jacques ?

(1) Il s'est montré *partial* à l'encontre des accusés.

(2) Le garçon a agi ainsi pour qu'on le trouve *brave*.

(3) Les policiers et les manifestants *se sont* violemment *bousculés*.

(4) Ramon ne savait pas qu'on *médisait* de lui.

(解説・解答 ▶ p.40)

2

次の (1) ～ (4) について、**A**、**B** の (　　) 内には同じつづりの語が入ります。(　　) 内に入れるのにもっとも適切な語 (各 1 語) を、解答欄に書いてください。(配点　8)

(1) **A** Attention, il essaie de vous jouer un (　　)!
B Cette affaire peut, à son (　　), être la source d'une nouvelle brouille.

(2) **A** Avec un sol aussi pauvre et pierreux, aucune (　　) n'est possible.
B Cet examen demande une solide (　　) générale.

(3) **A** J'ai baissé le prix de 50 centimes pour (　　) la somme.
B Plutôt que de te montrer intransigeant, tu devrais essayer d'(　　) les angles.

(4) **A** Le professeur a (　　) de nombreuses erreurs dans mon devoir.
B Pour traverser la rivière, il a (　　) son pantalon jusqu'aux genoux.

(解説・解答 ▶ p.42)

3　次の (1) ～ (4) の (　　) 内に入れるのにもっとも適切なものを、下の ① ～ ⑧ のなかから 1 つずつ選び、解答欄のその番号にマークしてください。ただし、同じものを複数回用いることはできません。(配点　8)

(1) Il se dévoue entièrement à son travail, sans (　　) autant gagner des millions.

(2) L'eau de cette fontaine jaillit (　　) jolies cascades.

(3) Le radiateur est (　　) fond. On ne peut pas chauffer plus.

(4) Nous avons obtenu ces renseignements (　　) le truchement de l'Ambassade.

① à	② dans	③ derrière	④ en
⑤ par	⑥ pour	⑦ sous	⑧ sur

(解説・解答 ▶ p.44)

4　次の日本語の表現 (1) ～ (5) に対応するフランス語の表現は何ですか。(　　) 内に入れるのにもっとも適切な語 (各 1 語) を、解答欄に書いてください。(配点　5)

(1)	記者会見	une (　　) de presse
(2)	車の減価償却	l'(　　) d'une voiture
(3)	国際捕鯨委員会	la Commission (　　) internationale
(4)	成金	les (　　) riches
(5)	ひったくり	le vol à l'(　　)

(解説・解答 ▶ p.46)

5 次の文章を読み、(1)～(5)に入れるのにもっとも適切なものを、下の語群から1つずつ選び、必要な形にして解答欄に書いてください。ただし、同じものを複数回用いることはできません。(配点 10)

Faut-il déplacer l’église Saint-Nicolas de Cap-sur-Mer, menacée par l’érosion ? Ce monument est classé et son histoire remonte au 16e siècle. Le bâtiment actuel a été terminé en 1810, mais ses fondations, dont la première pierre (1) en 1591, sont très anciennes. L’église est connue comme site touristique ; très discrète à l’extérieur, elle n’(2) pas aujourd’hui 30 000 visiteurs par an si Henri Busson, artiste local, n’en avait pas orné l’intérieur de magnifiques fresques.

Ce joyau artistique est pourtant en danger. En 2015, une série de violents orages a frappé la région. La nuit du 3 août, tandis qu’il (3) à seaux, un gigantesque glissement de terrain s’est produit et le trait de côte a reculé de dix mètres.

Désormais perché sur la falaise, l’édifice offre une vue extraordinaire aux touristes. Toutefois, l’église risque de disparaître d’ici dix ans si on ne l’(4) pas davantage du bord. C’est la raison pour laquelle le maire de Cap-sur-Mer appelle aux dons pour la déménager d’une centaine de mètres : « Cela coûtera très cher et nous comptons sur la générosité des donateurs. La mairie effectuera le déplacement quand le montant de la collecte (5) 500 000 euros. »

atteindre	attirer	échafauder	éloigner
pleuvoir	poser	s’acquérir	se méfier

(解説・解答 ▶ p.47)

6　次の文章を読み、(1) ～ (5) に入れるのにもっとも適切なものを、右のページの ① ～ ⑧ のなかから 1 つずつ選び、解答欄のその番号にマークしてください。(配点　10)

Est-il encore nécessaire de se rendre à son agence bancaire ? Poussés par les banques en ligne, les établissements « traditionnels » ont développé des portails sur Internet et des applications sur smartphone qui rendent les clients autonomes et leur font (1). De fait, l'enquête du magazine *Amphore* sur les relations entre les banques et leurs clients montre que plus de 70 % des Français utilisent leur ordinateur ou leur mobile pour consulter leur compte ou (2).

Au-delà de la gestion bancaire courante, de nouveaux métiers apparaissent. Les courtiers en ligne ont, par exemple, révolutionné le marché de l'assurance et du crédit immobilier. Et la gestion sous mandat, naguère réservée aux plus fortunés, se démocratise. Mais, en devenant accro à la gestion en ligne, ne risque-t-on pas de (3) ? Les acteurs du numérique financier s'en défendent. « Pour les produits complexes, nous nous assurons que le client a la connaissance du mécanisme, des risques pris et de la cohérence de cette souscription avec son patrimoine », avertit Simon Boissière, président de Mutuel Point. À condition de (4), notamment vis-à-vis des intermédiaires 100 % en ligne qui mettent en relation épargnants et fabricants de produits financiers. « Attention, certains agents conseillent surtout les produits qui leur rapportent le plus », prévient Simon Boissière.

Comme dans le monde réel, il ne faut pas (5). L'Autorité des marchés financiers met régulièrement en garde les épargnants contre les investissements trop beaux pour être vrais. Perdre tout sens critique dans l'espoir d'un gain au final très aléatoire reste toujours le plus grand péril.

① confier son argent à un tiers sans avoir vérifié son sérieux

② confondre vitesse et précipitation

③ gagner du temps

④ réaliser des opérations simples

⑤ rester vigilant

⑥ se déplacer régulièrement à l'établissement « réel »

⑦ sous-estimer ses chances de gagner de l'argent

⑧ tricher sans s'en apercevoir

(解説・解答 ▶ p.50)

7　次の文章を読み、右のページの (1) ～ (6) について、文章の内容に一致する場合は解答欄の ① に、一致しない場合は ② にマークしてください。(配点　12)

Thomas Chambon, 16 ans, en terminale scientifique au lycée Louis-le-Grand à Paris, a été sélectionné avec une poignée d'autres jeunes Français pour les Olympiades internationales mathématiques (OIM) et le Tournoi international des jeunes mathématiciens. Grâce à des stages de préparation à ces compétitions, l'adolescent a, dit-il, découvert « des maths différentes de ce qu'on fait en classe. Pour parvenir à une solution jolie, assez courte, et propre, pas besoin de gros théorèmes ou de beaucoup de calculs, juste de la réflexion ». Il étudie parfois avec ses camarades des problèmes dont la solution échappe encore à des chercheurs aguerris, un exercice « amusant » qu'il compare à « l'exploration d'un nouveau monde ». Avec 12 médailles Fields, la France est le second pays le plus récompensé dans ce domaine, derrière les États-Unis. Depuis cinq ou six ans, elle tire aussi son épingle du jeu dans les concours internationaux réservés aux lycéens.

Pourtant, Jean Philipon, un des responsables des OIM, se désole : « On est loin du compte. Nos appels sont insuffisamment relayés dans les collèges et lycées. Les maths olympiques ne sont pas des maths scolaires. Les énoncés, de parfois seulement trois lignes, sont des énigmes mathématiques. Le plaisir de la recherche et de la découverte doit attirer les jeunes. Cependant, cette notion de plaisir a complètement disparu du cadre scolaire, où les mathématiques sont vécues principalement comme critère de sélection. Du reste, les professeurs n'ont pas le loisir de développer le côté ludique, car il faut finir le programme pour le bac. »

C'est d'autant plus dommage que les mathématiques, ce n'est pas seulement un chercheur face à un tableau noir. C'est aussi une discipline qui apporte à l'économie française 285 milliards d'euros de valeur ajoutée, soit 15 % du PIB, selon une récente étude.

(1) D'après Jean Philipon, le cadre scolaire n'aide pas à faire comprendre aux jeunes le plaisir de la recherche et de la découverte.

(2) Il arrive à Thomas Chambon de s'attaquer à des problèmes que les spécialistes n'ont pas encore résolus.

(3) Jean Philipon est content de savoir que ses appels sont bien diffusés dans les écoles.

(4) Selon Thomas Chambon, on n'a besoin ni de gros théorèmes ni de beaucoup de calculs ni de réflexion pour trouver une bonne solution mathématique.

(5) Thomas Chambon a travaillé seul pour préparer les Olympiades internationales mathématiques.

(6) Une étude récente a établi que les mathématiques n'avaient qu'un impact insignifiant sur l'économie française.

（解説・解答 ▶ p.53）

8　次の文章を読み、右のページの (1) ～ (3) に、指示にしたがって**日本語**で答えてください。句読点も字数に数えます。

解答欄は解答用紙の裏面にあります。(配点　15)

Pourrons-nous bientôt profiter d'autant de vacances que nous le désirons ? Né aux États-Unis dans les années 2000, le concept de congés payés illimités est de plus en plus répandu outre-Atlantique.

Cette politique, appliquée par certaines entreprises, est basée sur la confiance : les employés sont libres de prendre autant de jours de vacances que souhaité, à partir du moment où le job est fait. L'enjeu est de responsabiliser l'individu pour qu'il puisse organiser son temps de travail, mais aussi son temps de repos. « Nous devons nous concentrer sur ce qui doit être accompli par l'employé, pas sur le nombre d'heures qu'il effectue », avançait déjà Netflix en 2008, dans son rapport « Liberté et Responsabilité ».

En France, une étude menée en mai 2019 par le site de recherche d'emploi Jooble a montré que les offres proposant des vacances illimitées avaient augmenté de 65 % en douze mois. Nous restons tout de même largement derrière les États-Unis. Cet écart s'explique notamment par les différences de système entre les deux pays. Les employés français bénéficient d'au moins cinq semaines de congés payés, tandis que les patrons américains sont libres de ne pas en accorder du tout.

Nous aimerions toutes et tous pouvoir prendre davantage de vacances. Mais le ferions-nous vraiment si nous en avions la possibilité ? En 2019, des recherches réalisées par la société Netchex ont montré que les employés américains jouissant de congés illimités ne se reposaient en moyenne que 14 jours par an, contre 16 pour le personnel soumis au régime habituel.

Aurélie Durand, sociologue, souligne que le nouveau modèle n'est pas sans conséquences négatives. « Quand les congés sont à la libre initiative de l'employé, il n'en prend pas. Il a tendance à en faire trop quand il n'a pas de cadre légal de protection. La pression peut notamment l'amener à s'impliquer excessivement dans l'entreprise, parfois au détriment de sa santé », affirme-t-elle.

(1) 無制限の有給休暇は、従業員にどのようなことを求める制度ですか。(30字以内)

(2) 筆者によると、フランスとアメリカ合衆国における無制限の有給休暇の定着率の開きは両国のどのような違いによるとされますか。(25字以内)

(3) 本文では、無制限の有給休暇が従業員におよぼす影響についてどのような懸念が指摘されていますか。(35字以内)

(解説・解答 ▶ p.55)

9

次の文章をフランス語に訳してください。
解答欄は解答用紙の裏面にあります。（配点　20）

ある友人から、パリに行ったら石をひとつ拾ってきてくれないかと頼まれた。約束どおりパリで彼のために石をひとつ拾ったが、帰国してから急に不安になった。石といってもなんの変哲もない石なので、東京で拾ったものと思われないだろうか。

（解説・解答 ▶ p.57）

2020年度秋季
実用フランス語技能検定試験
聞き取り試験問題冊子　〈１級〉

書き取り・聞き取り試験時間は、
17時15分から約40分間

先に書き取り試験をおこないます。解答用紙表面の書き取り試験注意事項をよく読んでください。書き取り試験解答欄は裏面にあります。

この冊子は指示があるまで開かないでください。

◇**筆記試験と書き取り・聞き取り試験の双方を受験しないと欠席になります。**

◇問題冊子は表紙を含め４ページ、全部で２問題です。

書き取り・聞き取り試験注意事項

1　途中退出はいっさい認めません。

2　書き取り・聞き取り試験は、CD・テープでおこないます。

3　解答用紙の所定欄に、**受験番号**と**カナ氏名**が印刷されていますから、まちがいがないか、**確認**してください。

4　CD・テープの指示にしたがい、中を開いて、日本語の説明をよく読んでください。フランス語で書かれた部分にも目を通しておいてください。

5　解答はすべて別紙の書き取り・聞き取り試験解答用紙の解答欄に、**HBまたはBの黒鉛筆**（シャープペンシルも可）で記入またはマークしてください。ボールペンや万年筆等でマークした解答は機械による読み取りの対象とならないため、採点されません。

6　問題内容に関する質問はいっさい受けつけません。

7　**携帯電話等の電子機器の電源はかならず切って、かばん等にしまってください。**通信機能のある時計は使用を禁じます。

8　**時計のアラームは使用しないでください。**

9　この試験問題の複製（コピー）を禁じます。また、この試験問題の一部または全部を当協会の許可なく他に伝えたり、漏えいしたりすることを禁じます（インターネットや携帯サイト等に掲載することも含みます）。

書き取り・聞き取り試験

（試験時間：約 40 分間）

書き取り試験

注意事項

フランス語の文章を、次の要領で 3 回読みます。全文を書き取ってください。

- 1 回目は、ふつうの速さで全文を読みます。内容をよく理解するようにしてください。
- 2 回目は、ポーズをおきますから、その間に書き取ってください（句読点も読みます）。
- 最後に、もう 1 回ふつうの速さで全文を読みます。
- 読み終わってから 3 分後に、聞き取り試験にうつります。
- 数を書く場合は、算用数字で書いてかまいません。（配点　20）

［ 音声を聞く順番 ］　01 → 02 → 01

（解説・解答 ▶ p.60）

聞き取り試験

1

- まず、Aurélien へのインタビューを聞いてください。
- つづいて、それについての 5 つの質問を読みます。
- もう 1 回、インタビューを聞いてください。
- もう 1 回、5 つの質問を読みます。1 問ごとにポーズをおきますから、その間に、答えを解答用紙の解答欄にフランス語で書いてください。
- それぞれの (　　) 内に 1 語入ります。
- 答えを書く時間は、1 問につき 10 秒です。
- 最後に、もう 1 回インタビューを聞いてください。
- 数を記入する場合は、算用数字で書いてください。

(メモは自由にとってかまいません) (配点　20)

［ 音声を聞く順番 ］　03 → 04 → 03 → 05 → 03

(1)　C’est une profession qui consiste à (　　) les (　　) des gens.

(2)　Il fait des propositions (　　) à leurs (　　) et à leurs besoins.

(3)　En ce qu’il présente différentes (　　) pour que ses clients s’(　　) avec précision.

(4)　Il dit que les (　　) pastel sont en (　　) cette année.

(5)　Parce que chaque bouquet demande de faire preuve de (　　) en (　　) avec les clients.

(解説・解答 ▶ p.62)

2

- まず、あるニュースを 2 回聞いてください。
- 次に、その内容について述べた文 (1) ～ (10) を 2 回通して読みます。それぞれの文がニュースの内容に一致する場合は解答欄の ① に、一致しない場合は ② にマークしてください。
- 最後に、もう 1 回 ニュースを聞いてください。
(メモは自由にとってかまいません)(配点　10)

[音声を聞く順番]　06 → 06 → 07 → 07 → 06

(解説・解答 ▶ p.66)

2 次 試 験

試験方法

○ 2次試験は個人面接です（面接時間は9分）。
○各自の試験開始予定時刻3分前にテーマを2題渡します。この3分間に渡された2題のテ―マのうち、いずれか1題について考えをまとめておいてください。
○指示にしたがい試験室に入室し、はじめに氏名の確認がありますから、フランス語で答えてください。
○次に選択したテーマについて、3分間、フランス語で自由に述べてください。つづいてその内容についてフランス語で質問がありますから、フランス語で答えてください。時間の余裕があれば、一般会話をおこなうことがあります。

＊注意＊ • テーマが渡されてから、辞書・参考書類を使ったり、音読したり、他の人と相談したりしないでください。
• 試験室入室前に携帯電話の電源を切ってください。

2020年度は以下の問題のうちから、試験本部が選択したものを会場でお渡ししました。

次のテーマのうち、いずれか1題について考えをまとめておいてください。

【日本】

1.

A) Le racisme est-il omniprésent dans le monde actuel ?

B) Selon vous, quels sont les avantages et les inconvénients du télétravail ?

2.

A) Au Japon, les femmes restent considérablement sous-représentées en politique. Comment pourrait-on réaliser la parité femme-homme en politique au Japon ?

B) Selon un sociologue français, le potentiel des enfants à l'âge de 5 ans est déjà conditionné par l'appartenance sociale des parents. Qu'en pensez-vous ?

（解説 ▶ p.71）

2020年度1級

2020年度の出願者は403名（うち受験者は362名）で、1次試験の合格者は54名、対実受験者の合格率は14.9%でした。1次試験免除者9名を加えた63名のうち62名が2次試験を受験し、1次試験・2次試験の両方に合格した最終合格者数は54名、対実受験者の最終合格率は14.6%となっています。

1次試験の平均点は76点（満点は150点）、得点率は51%で、例年の水準を大きく上まわりました（過去5回の平均はそれぞれ65点および43%）。

出題内容のあらまし

1次試験

[筆記]

1 動詞・形容詞の名詞化（全文書きかえ・記述）
2 多義語（穴うめ・記述）
3 前置詞（穴うめ・選択）
4 時事用語・常用語（穴うめ・記述）
5 説明文（崩落の危機に瀕した教会の引越し／動詞を選択活用・記述）
6 説明文（オンラインでの金融サービスの普及とその問題点／穴うめ・選択）
7 説明文（数学の国際コンクールに出場するフランスの高校生／内容一致・選択）
8 説明文（無制限の有給休暇／日本語による内容要約・記述）
9 和文仏訳（パリのみやげに石を持ち帰るように頼まれる／記述）

[書き取り] 説明文（業務用洗剤の誤飲事故）

[聞き取り]

1 インタビュー（Rennesの「ベスト・フローリスト」に選ばれたAurélien／穴うめ・記述）
2 説明文（初飛行を前に不慮の死をとげた南アフリカ出身の宇宙飛行士／内容一致・選択）

2次試験（個人面接方式：受験者によるexposé（口頭論述）と質疑応答）
下記のテーマから1つを選択（国内）
1. 人種差別と現代社会／テレワークの長所と短所
2. 日本における女性の政治参画／両親の社会的帰属と子どもの将来

1 次 試 験

筆記試験

解 説・解 答

1 **解 説**、文中のイタリック体で示された動詞、形容詞、副詞を派生関係にある名詞に置きかえ、全文をほぼ同じ意味の文に書きかえる問題です。派生関係にある語彙の知識はもちろん、名詞化にともなう構文の変換にも注意が必要です。

(1) Il s'est montré *partial* à l'encontre des accusés.「彼は被疑者たちに対して公正ではない態度をとった」

「偏った、公正ではない」の意の形容詞 partial と派生関係にある名詞は partialité です。〈se montrer + 属詞〉の形で「～の態度（ようす）を示す」の意味になること、またこの文では à l'encontre de *qn* が「～に対して」という意味で使われていることがわかれば、代名動詞 se montrer を他動詞 montrer に変え、partialité をその直接目的語として用いることで、Il a montré sa partialité à l'encontre des accusés. という解答が可能になります。sa partialité にかえて la partialité としてもかまいません。montrer のかわりに、ほぼ同じ意味の faire preuve (de) を用い、Il a fait preuve de partialité à l'encontre des accusés. としてもよいでしょう（なお、定冠詞をともなう faire la preuve de は「～を証明する、～の証拠を示す」の意ですから、faire preuve de「～を示す」とは意味がことなります）。à l'encontre de *qn* を「～と出会って」のような誤った意味で理解してしまい、元の文とは別の内容の文に書きかえてしまった例のほか、*part*、*partie* など、partial とは意味のうえで対応していない名詞を用いた誤答もめだちました。得点率は 27％でした。

(2) Le garçon a agi ainsi pour qu'on le trouve *brave*.「その少年は勇敢だと思われたくてそのように行動した」

形容詞 brave「勇敢な」と派生関係にある名詞は bravoure です。もっとも簡単な解答は、元の文の pour que 以下の部分のみを書きかえ、Le garçon a agi ainsi pour qu'on reconnaisse sa bravoure. とする方法ですが、構文を変えて、「その少年の行動は自分の勇敢さを認めてもらうことを目的としていた」という無生物主語の文を考えてもよいでしょう。主語は agir「行動する、ふるまう」を名詞化した action、動詞は「〜をめざす」の意の viser (à) を用い、Cette action du garçon visait à faire reconnaître sa bravoure. とするのがその 1 例です。faire reconnaître「認めさせる」のかわりに démontrer、prouver など、「示す、証明する」の意の動詞を用いてもかまいません。bravoure という名詞形はなかなか思いつかなかったらしく、*braveté*、*bravité*、*bravure* など、さまざまな解答が受験者の苦心の跡をしのばせています。また *bavure* は「手落ち、失態」という意味の別の語になり、brave との派生関係はありません。得点率は 12%でした。

(**3**) Les policiers et les manifestants *se sont* violemment *bousculés*.「警察とデモ隊は激しくぶつかりあった」

動詞 se bousculer「ぶつかりあう、ひしめきあう」と派生関係にある名詞は bousculade です。この bousculade を主語に用いるのであれば、「(警察とデモ隊の間で) 激しいぶつかりあいが起こった」という文を作ることになり、avoir lieu を使って、Une violente bousculade a eu lieu entre les policiers et les manifestants. とすることができます。この場合、動詞の時制は複合過去のまま、元の文の副詞 violemment は形容詞 violent に変え、女性名詞 bousculade と一致させて女性形で用います。警察とデモ隊の「ぶつかりあい」が何度かあったと考えれば、主語を複数形にし、De violentes bousculades ont eu lieu [...]. とすればよいでしょう。「起こる、生じる」の意の動詞は avoir lieu のほか、以下の例のように、se déclencher、se produire なども可能です (過去分詞の一致に注意してください)。

Une violente bousculade s'est déclenchée (s'est produite) entre les policiers et les manifestants.

De violentes bousculades se sont déclenchées (se sont produites) entre les policiers et les manifestants.

bousculage、*bousculation*、*bouscule* といった名詞化の誤りもめだち、得点率は 9%でした。

(4) Ramon ne savait pas qu'on *médisait* de lui.「Ramonは自分が中傷されていることを知らなかった」

動詞médire「けなす、中傷する」に対応する名詞はmédisanceです。元の文と同じRamonを主語にした書きかえでは、queの節をともなう動詞savoirのかわりにêtre au courant (de)のような表現を使い、Ramon n'était pas au courant des médisances le concernant.「Ramonは彼に関する中傷を知らなかった」とするのが1つの方法です（文末のconcernantは「～に関係する」の意の動詞concernerを現在分詞で用いたもので、le (= Ramon)はその直接目的語にあたります)。「彼に関する」は、le concernantにかえてà son égard、à son sujet、à son endroitなども可能です。

médireの名詞化では、〈dire「言う」+（軽蔑や否定を表わす）接頭辞mé〉という語形からの類推で、direに対応する名詞diction「話し方」やdit「語られたこと」を用いた*médiction*、*médit*などの誤答がめだちました。このほか、*malédiction*「呪いのことば」、*médiation*「調停、媒介」、*méditation*「瞑想」など、意味がことなる別の語を解答しているケースも少なくなく、動詞mépriserから派生した名詞*mépris*「軽蔑」も、当然ながら正答になりません。得点率は3％でした。

問題1全体の得点率は13％でした。

解答

(1) Il a fait preuve de partialité à l'encontre des accusés.
(2) Cette action du garçon visait à faire reconnaître sa bravoure.
(3) Une violente bousculade a eu lieu entre les policiers et les manifestants.
(4) Ramon n'était pas au courant des médisances le concernant.

2

解説 多義語の問題です。2つの文**A**、**B**の（　　）内に入る同じ1語を解答します。

(1) **A** Attention, il essaie de vous jouer un (　　) !
B Cette affaire peut, à son (　　), être la source d'une nouvelle brouille.

正解はtourです。**A**では「策略、いたずら」、**B**では「順番」という意味で用いられています。文意はそれぞれ、「気をつけなさい、彼はあなたに一杯食わせようとしていますよ」、「その件が今度はあらたな不和の種になりかねない」となります。**A** は jouer (faire) un tour à *qn* の形で成句をなしており、jouer un petit tour は「ちょっとしたいたずらをする」、jouer un mauvais tour は「悪ふざけをする」、また Le tour est joué ! であれば「うまくひっかかった」の意になります。**B** の à son tour は C'est mon tour !「私の番だ」などと同じ用法で、この意味では多く所有形容詞とともに使われます。動詞 tourner から派生した男性名詞の tour は、un lac de six kilomètres de tour「1周6キロメートルの湖」のように「周囲（の長さ）」を示したり、« Le Tour du monde en quatre-vingts jours »「80日間世界一周」のように「一回り」の意で用いるのが一般的ですが、問題文のほかにも、tour d'adresse「早業」や tour de phrase「言い回し」など、さまざまな成句的な表現で使われる多義語の1つです。得点率は19%でした。

(2) **A** Avec un sol aussi pauvre et pierreux, aucune ( ) n'est possible.

B Cet examen demande une solide ( ) générale.

正解は culture です。**A** では「耕作、栽培」、**B** では「教養、造詣」の意味で用いられています。文意はそれぞれ、「これほどやせて石ころだらけの土地では耕作はできない（どんな作物も育たない）」、「この試験はたしかな一般教養を要する」となります。la culture des moules「ムール貝の養殖」や le bouillon de culture「培養液」のような表現も **A** のカテゴリーと考えてよいでしょう。誤答例では、**A** から「耕す、栽培する」の意の動詞 cultiver を思いつきながら、これと名詞 culture を結びつけることができず、*cultivation* のような誤った名詞化を試みているものもありました。得点率は32%でした。

(3) **A** J'ai baissé le prix de 50 centimes pour ( ) la somme.

B Plutôt que de te montrer intransigeant, tu devrais essayer d'( ) les angles.

正解は「丸くする」の意の動詞 arrondir で、**A** では（金額について）「端数を捨てる、切りのいい数にする」、**B** では arrondir les angles の形で、「ことを丸く収める」の意の成句として用いられています。文意はそれぞれ、「切りのいい額にするために50サンチーム値を下げた」、「妥協しない態度をとるより、むしろ君はことを丸く収めるべきではないだろうか」となります。arrondir は形容詞 rond から派生した動詞ですが（この場合、接頭辞 a は「ある状態への移行」を示しています）、形容詞 rond にも、le chiffre rond「切りのよい数字」のような **A** と似た用法があります。**B** の「ことを丸く収める」は、arrondir les angles「角を落とす」という原義から転じたものです。**B** の場合、空欄には母音または無音の h で始まる語が該当することになり、*augmenter* や *ajouter* といった解答もめだちましたが、問題文ではどちらも意味をなしません。得点率は 10%でした。

(4) **A** Le professeur a (　　　) de nombreuses erreurs dans mon devoir.
B Pour traverser la rivière, il a (　　　) son pantalon jusqu’aux genoux.

正解は動詞 relever の過去分詞 relevé で、**A** では「指摘する、みつける」、**B** では「たくし上げる」の意味で用いられています。文意はそれぞれ、「先生は私の宿題に多くの誤りをみつけた」、「川を渡るために彼はズボンをひざまでたくし上げた」となります。relever ses manches「袖をまくり上げる」なども **B** と同じ用法です。relever の原義は「起き上がらせる、立て直す」ですが、元の意味からは推測しにくい用法も多く、問題文のほか、relever le compteur d’électricité「電気のメーターを検針する」のような言い方も知っておくとよいでしょう。この問題では *lever* (*levé*) は **A**、**B** どちらにも該当しません。得点率は 13%でした。

問題2全体の得点率は 19%でした。

解答 (1) tour　(2) culture　(3) arrondir　(4) relevé

3 解説 (　　) 内に適当な前置詞を入れて文を完成させる問題です。

(1) Il se dévoue entièrement à son travail, sans (　　　) autant gagner des millions.「彼はすっかり仕事に身をささげているが、だからといって大金を稼いでいるわけではない」

この文では pour autant「しかし、だからといって」という意味の成句表現が使われており、pour が正解です。pour autant は疑問または否定の表現とともに用いられ、たとえば Bien qu’on y ait beaucoup réfléchi, le problème n'a pas été résolu pour autant. は「ずいぶん考えたが、それでも問題はとけなかった」の意です。問題文はsansを用いた否定表現のため、前置詞がつづくことにとまどうかもしれませんが、sans gagner des millionsとpour autantという2つの表現が組み合わされていると理解すればよいでしょう。得点率は64%でした。

(**2**) L'eau de cette fontaine jaillit (　　　) jolies cascades.「噴水の水は美しい滝となってほとばしっている」

様態を表わすenが正解です。en cascadeは「滝のようになって」の意で、un torrent qui tombe en cascade「滝となって落ちる急流」のように用います。問題文では文字どおりの滝（水の流れ）を指していますが、en cascadeは比喩的に「次から次に」という意味でも用いられ、Les difficultés sont arrivées en cascade. は「困難は次から次へともちあがった」の意になります。得点率は38%でした。

(**3**) Le radiateur est (　　　) fond. On ne peut pas chauffer plus.「ラジエーターは目一杯きいている。これ以上は暖められない」

àが正解です。à fondは「完全に、徹底的に」の意味で、ここでは暖房機器のラジエーターの温度調節が上限に達している状態を指しています。Il connaît la question à fond. は「彼は問題を熟知している」、respirer à fondは「深呼吸する」の意です。なお、*au fond*は別の表現で、「じつは、実際は」という意味で使います。得点率は57%でした。

(**4**) Nous avons obtenu ces renseignements (　　　) le truchement de l'Ambassade.「大使館を通じて私たちはそれらの情報を得た」

parが正解です。truchementは「仲介（者）」の意で、par le truchement deは「～を介して、～を通して」という意味の文章表現になります。「人」についても「もの」についても用いられ、「人を介して」の場合はpar l'intermédiaire deとほぼ同義ですし、「事物を通して」であればau moyen deで言いかえることができます。得点率は35%でした。

問題3全体の得点率は48%でした。

解答　(1) ⑥　(2) ④　(3) ①　(4) ⑤

4 解説　時事用語、常用語についての知識を問う問題です。

(1) 「記者会見」は une (conférence) de presse です。conférence は「講演、講義」のほか、「会議、打ち合わせ」一般について用いられ、conférence de paix は「講和会議」の意になります。「記者会見」は point de presse という言い方もありますが、point は男性名詞なのでここでは該当しません。英語の「記者会見」press conference からの類推も可能ですが、つづりの異同（アクサン記号の有無）に注意が必要です。得点率は52%でした。

(2) 「減価償却」は amortissement の語を用います。動詞 amortir にも「緩和する、償却する」の意味があり、Les frais de construction de l'usine s'amortiront en trois ans.「工場の建設費は3年で償却できる」のように用います。同じ動詞から派生した男性名詞 *amortisseur* は自動車などに使われるショック・アブソーバー（緩衝装置）を指し、「減価償却」の意味はありません。誤答例で多かったのは *usure* ですが、この語は「損耗、磨滅」そのものを意味し、（価値が減ずる）「減価償却」とは語義がことなります。また *abaissement* も、経済用語としては数値や価値の「引き下げ」を意味するものの、*abaissement* d'une voiture という言い方は意味をなしません。得点率は15%でした。

(3) 「国際捕鯨委員会」は la Commission (baleinière) internationale といいます。baleine「鯨」の形容詞形は baleinier ですが、*balainaire* や *balainière* といった誤答のほか、名詞のまま *baleine* としたもの、あるいはそのつづりをまちがえた *balaine*、*baléine* などの解答がめだちました。「捕鯨船」は un navire baleinier、「捕鯨産業」は l'industrie baleinière です。得点率は2%にとどまりました。

(4) 「成金」は les (nouveaux) riches です。女性形の nouvelles も可能で、(1)と同様、英語の new rich からの類推で解答することもできそうです。riches を形容詞ととらえた les (*gens*) riches のような解答もありましたが、これでは「金持ち」の意味にしかなりません。最近では、この les nouveaux riches

に対応する言い方として、社会的排除によって貧困状態に置かれている層を指す les nouveaux pauvres の語も目にするようになっています。得点率は18%でした。

(**5**) 「ひったくり」は le vol à l'(arraché) といいます。à l'arraché は「力づくで、腕ずくで」の意で、le vol à l'arrachée とつづることもあります。複数形では les vols à l'arraché (à l'arrachée) となり、vol にのみ複数語尾の s を付けます。店内での「万引き」は le vol à l'étage、「すり行為」は le vol à la tire あるいは le vol par pickpockets といい、人としての「すり」を指す場合は pickpocket を用います。*arrache* のようなつづりの誤りのほか、*arrachement*「別離」など、意味のことなる別の語との混同も散見されました。得点率は5%でした。

問題4全体の得点率は19%でした。

解答 (1) conférence　(2) amortissement　(3) baleinière
(4) nouveaux　(5) arraché

5 **解説** 長文を読み、話の展開を追いながら、空欄部分に該当する動詞を適切な形にしておぎなう問題です。解答には、動詞の法・時制に関する正確な知識のほか、過去分詞の一致など、語形にも細心の注意が求められます。

今回の出題は、ある海沿いの町の教会が、地滑りによって崩落の危険にさらされているという話です。本文では、教会の歴史や内部を飾るフレスコ画、地滑りのあとにもちあがった建物の引越しの計画といった話題が順に述べられています。以下、設問に対応する箇所を引用しながら見ていくことにしましょう。

(**1**) Le bâtiment actuel a été terminé en 1810, mais ses fondations, dont la première pierre (1) en 1591, sont très anciennes.

第1段落では、Faut-il déplacer l'église Saint-Nicolas de Cap-sur-Mer, menacée par l'érosion ?「Cap-sur-Mer の Saint-Nicolas 教会を移動させなくてはならないのだろうか」という書き出しにつづいて、Ce monument est classé et son histoire remonte au 16e siècle.「この建物は歴史的建造物に指定されていて、その歴史は 16 世紀にまでさかのぼる」という記述があり、空欄（ 1 ）をふくむ文では、この教会の歴史がより詳細に説明されています。「現在の建物は 1810 年にできあがったが、礎石は 1591 年に置かれたもので、教会の創建はとても古い」というのがその内容で、空欄（ 1 ）に相当するのは poser la première pierre「礎石を置く、礎を築く」という表現ですから、動詞は poser が該当し、ここでは受動態で用いられていることがわかります。この文では、Le bâtiment actuel a été terminé en 1810 [...].「現在の建物は 1810 年にできあがった」の部分が複合過去で述べられていますが、建物の礎石が置かれたのはそれよりも前の出来事なので、他の過去時制に対する先立性を示す大過去 (avait été posée) が正解です。女性名詞 pierre と過去分詞 posée の一致にも注意してください。ただし、「建物ができあがった」と「礎石が置かれた」という 2 つの出来事の前後関係にはこだわらず、両者をおおづかみに「過去の出来事」としてとらえるのであれば、（ 1 ）は複合過去の (a été posée) も可能です。得点率は 61%でした。

(2) L'église est connue comme site touristique ; très discrète à l'extérieur, elle n'(2) pas aujourd'hui 30 000 visiteurs par an si Henri Busson, artiste local, n'en avait pas orné l'intérieur de magnifiques fresques.

第 1 段落の後半では、L'église est connue comme site touristique [...].「教会は観光地として知られている」という 1 文につづいて、très discrète 以下の部分で、多くの観光客が教会の内部を飾る壁画を見に訪れているという内容が説明されています。より具体的には、「地元の芸術家 Henri Busson の手になるフレスコ画を目あてに、年間で 3 万人の観光客が訪れている」ということですが、本文の記述は、si Henri Busson [...] n'en avait pas orné ... という形で si の節に大過去が用いられていることから、「仮に Henri Busson が教会の内部をすばらしいフレスコ画で飾っていなかったら」という**非現実の仮定**が提示されていることになり、（ 2 ）の前後では、その帰結として、「今日この教会が年間で 3 万人の観光客を集めるという状況にはなっていないだろう」という内容が**条件法**で述べられていることになります。選択肢のうち、「(観光客を) 集める」の意で用いることができる動詞は attirer で、条件法現在の活用形 (attirerait) が正解です。この文では、条件節が過去の出来事、主節が現在の出来事に対応していることに注意してください（「この教会は、外観はきわめて地味なので、地元の芸術家Henri Bussonが内部をすばらしいフレスコ画で飾っていなかったら、今日年間で3万人の観光客が訪れるような状況にはなっていないだろう」)。直説法現在の *attire* や条件法過去の *aurait attiré* は誤答となります。得点率は31%でした。

(3) La nuit du 3 août, tandis qu'il (　3　) à seaux, un gigantesque glissement de terrain s'est produit et le trait de côte a reculé de dix mètres.

第2段落では、2015年にこの地域が一連の激しい暴風雨に見舞われた結果、地滑りが発生して教会が崩壊の危機に瀕していることが説明されています。空欄(　3　)をふくむ文では、un gigantesque glissement de terrain s'est produit et le trait de côte a reculé de dix mètres「大規模な地滑りが発生し、海岸線が10メートル後退した」という出来事が複合過去で提示されており、(　3　)の前後は、その「背景をなす状況」を述べたものと考えられることから、il (pleuvait) à seaux「どしゃぶりの雨が降っていた」という半過去による記述が正解です(「8月3日の夜、どしゃぶりの雨が降りつづく間に大規模な地滑りが発生し、海岸線が10メートル後退した」)。seauは「バケツ」ですが、à seauxは「たくさん、激しく」という意味の成句になります。ここでは複合過去の *a plu* や大過去の *avait plu* を用いることはできません。得点率は56%でした。

(4) Toutefois, l'église risque de disparaître d'ici dix ans si on ne l'(　4　) pas davantage du bord.

第3段落では、(海岸線が後退した結果)教会の建物が崖の上に取り残され、ある種の絶景を形作っているという内容が述べられたあと、空欄(　4　)をふくむ文では、「しかしながら、教会は今後10年のうちに姿を消すおそれがある」と指摘されています。ここでも空欄は仮定のsiの節のなかに置かれていますが、主文の「姿を消すおそれがある」がrisque de disparaîtreという直説法の記述ですから、上に見た(2)の場合とはことなり、この文では非現実の仮定が提示されているわけではありません。空欄のあとの記述から、仮定の内容は「海岸からもっと建物を遠ざけなければ」となることが予想され、éloigner「離す」の直説法現在 (éloigne) が正解となります。非現実の仮定に用いる直接法半過去の *éloignait* や条件法現在の *éloignerait* はこの問題では該当しません。また、単純未来の *éloignera* も誤答で、一般に仮定を表わす si の節では未来の内容を述べる場合でも現在形を用います (「あす天気がよければ」は s'il fait beau demain であって s'il *fera* beau demain ではありません)。得点率は41%でした。

(5) La mairie effectuera le déplacement quand le montant de la collecte (5) 500 000 euros.

結局 Cap-sur-Mer の市当局は、教会の建物を100メートルほど移動させるために寄付を募ることをきめます。空欄 (5) をふくむ文は、寄付を呼びかける Cap-sur-Mer の市長の発言を引用したもので、「募金額が50万ユーロに達したら、市は移動の作業に着手する予定である」というのがその内容です。ここでは「募金額が50万ユーロに達する」→「移動の作業をおこなう」という、未来における2つの出来事の前後関係が問題になり、effectuera le déplacement「移動の作業をおこなう」という単純未来の記述に対し、それよりも前に完了している「(募金額が50万ユーロに) 達する」の部分については、atteindre の前未来 (aura atteint) を用いるのが適当です。ただし、2つの出来事がほぼ同時に生じると考えれば、単純未来 atteindra も排除されません。また、上述の si の条件節の場合とはことなり、quand の節では未来の出来事の記述を現在形で代用することはできず、直説法現在の *atteint* は誤答となります。得点率は39%でした。

問題5全体の得点率は46%でした。

解答 (1) avait été posée　(2) attirerait　(3) pleuvait　(4) éloigne　(5) aura atteint

6 **解説** 長文を読み、空欄に対応する文の一部を選択肢から選んで文を完成させる問題です。

今回出題された文章は、オンラインによる金融商品の取引の普及と、こうした取引が利用者にもたらすリスクの問題について述べたものです。

(1) Poussés par les banques en ligne, les établissements « traditionnels » ont développé des portails sur Internet et des applications sur smartphone qui rendent les clients autonomes et leur font (1).

Est-il encore nécessaire de se rendre à son agence bancaire ?「銀行の支店に足を運ぶ必要がまだあるだろうか」という書き出しにつづき、第1段落では、昨今の「インターネットバンキング」の普及のようすが説明されています。空欄（ 1 ）をふくむ第2文の内容は、Poussés par les banques en ligne, les établissements « traditionnels » ont développé des portails sur Internet et des applications sur smartphone「オンラインバンクに押され、「伝統的な」銀行はネットのポータルサイトやスマートフォンのアプリを充実させた」というもので、文の後半の関係代名詞 qui 以下の部分では、そうしたポータルサイトやアプリが顧客にもたらす具体的なメリットが2点述べられていることになります。その1つは、rendent les clients autonomes「顧客を自立させる（顧客が望む取引を自分でおこなえるようにする）」ですから、もう1つの（ 1 ）については、leur font という使役の表現が用いられていることを考慮し、「（顧客の）時間を節約させる」という内容を考えればよいでしょう。③ gagner du temps が正解です。得点率は68％でした。

(2) De fait, l'enquête du magazine *Amphore* sur les relations entre les banques et leurs clients montre que plus de 70 % des Français utilisent leur ordinateur ou leur mobile pour consulter leur compte ou (2).

この文では、実際に7割を超えるフランス人がコンピューターやモバイル端末を使ってインターネットバンキングを利用しているという雑誌 *Amphore* の調査結果が紹介されており、利用の目的として consulter leur compte「口座の照会をする」と併置されている（ 2 ）には、④ réaliser des opérations simples「簡単な手続きをおこなう」が該当します。得点率は64％でした。

(3) Mais, en devenant accro à la gestion en ligne, ne risque-t-on pas de (3) ?

第2段落では、（振り込みや残高の照会といった）一般的な手続きだけではなく、今日では株式投資やアセットマネジメントなど、さまざまな金融サービスがオンラインで提供されているという話題につづいて、こうした金融取引のオンライン化の負の側面に目が向けられることになります。空欄（ 3 ）は、en devenant accro à la gestion en ligne「オンラインでの資産運用の中毒になることによって」もたらされる危険を述べたものですが、空欄のあとを読むと、デジタル投資関係者の反論として、« Pour les produits complexes, nous nous assurons que le client a la connaissance du mécanisme, des risques pris et de la cohérence de cette souscription avec son patrimoine »「複雑な商品については、顧客がその仕組みと自分が負うことになるリスク、および引受と顧客本人の資産との整合性について理解しているかどうかを確認しています」という Mutuel Point の社長の説明が引用されていることから、ここで問題になっているリスクとは、商品についての理解不足のまま拙速な取引をおこなうことを指していることがわかります。(3) には、② confondre vitesse et précipitation「スピードと性急さをとりちがえる」が該当し、「だが、オンラインでの資産運用の中毒になってしまうと、スピードと性急さを混同するおそれがないだろうか」と述べられていると考えればよいでしょう。この問題では空欄の前後の記述を正確にたどらなければならず、得点率は13%にとどまりました。

(4) À condition de (4), notamment vis-à-vis des intermédiaires 100 % en ligne qui mettent en relation épargnants et fabricants de produits financiers.

第2段落の後半では、投資家に注意をうながすことが重要であるという、上述の Mutuel Point の社長 Simon Boissière の説明を補足する形で、とりわけ警戒が必要なケースとして、「預金者と金融商品の作り手を結びつける100%オンラインの仲介業者」の存在が指摘されています。段落の終わりの、« Attention, certains agents conseillent surtout les produits qui leur rapportent le plus »「気をつけなさい、(顧客ではなく) 自分たちに一番利得があるような商品を勧めてくる代理業者もいますよ」という Simon Boissière の警告とスムーズにつながるのは、「とりわけ預金者と金融商品の作り手を結びつける、100%オンラインの仲介業者に注意することが肝要である」という内容の記述ですから、(4) には、「注意をおこたらない」の意の⑤ rester vigilant が該当します。得点率は60%でした。

(5) Comme dans le monde réel, il ne faut pas (5).

本文の結論にあたる第3段落では、第2段落の記述をうけて、オンライン金融サービスの普及に潜むリスクがあらためて強調されています。L'Autorité des marchés financiers met régulièrement en garde les épargnants contre les investissements trop beaux pour être vrais.「金融市場の管理当局は預金者に対し、本当にしてはあまりにうますぎる投資に警戒するよう繰り返し呼びかけている」という第2文の記述は、（ 5 ）をふくむ第1文の内容をふまえて「投資のリスク」を話題にしていると考えられることから、第1文では、「現実の世界と同様、（インターネットを利用する場合でも）不用意な投資をおこなってはならない」という内容が述べられていることになり、（ 5 ）には① confier son argent à un tiers sans avoir vérifié son sérieux「信頼できるかどうかを確かめずに第三者にお金を預ける」が該当します。得点率は43％でした。

問題6全体の得点率は49％でした。

解答 (1) ③　(2) ④　(3) ②　(4) ⑤　(5) ①

7

解説 長文を読み、設問として示されている短文の内容が本文の内容に一致するかどうかを判断する問題です。

本文では、数学の国際コンクールに出場する高校生の話題とともに、フランスの学校での数学教育のあり方に疑問を呈する意見が紹介されています。

(1) D'après Jean Philipon, le cadre scolaire n'aide pas à faire comprendre aux jeunes le plaisir de la recherche et de la découverte.「Jean Philiponによれば、学校教育は若者が探求や発見の喜びを知るための役には立っていない」

les Olympiades internationales mathématiques (OIM)「国際数学オリンピック」の運営責任者であるJean Philiponの見解は本文の第2段落で紹介されています。Philiponは学校での数学の授業について、Le plaisir de la recherche et de la découverte doit attirer les jeunes. Cependant, cette notion de plaisir a complètement disparu du cadre scolaire, où les mathématiques sont vécues principalement comme critère de sélection.「探求や発見の楽しさが若者を惹きつけるべきであるのに、学校教育の場では数学はもっぱら選抜の基準となっていて、こうした楽しみの概念が完全に欠如している」と述べており、(1)は本文の内容と一致します。

(2) Il arrive à Thomas Chambon de s'attaquer à des problèmes que les spécialistes n'ont pas encore résolus.「専門家がまだ解いていないような問題に Thomas Chambon が取り組むこともある」

第1段落の後半に、Thomas Chambon とその仲間たちは、時として des problèmes dont la solution échappe encore à des chercheurs aguerris「練達の研究者も解を見いだしていないような問題」に取り組んでいると述べられており、(2)は本文の内容と一致します。

(3) Jean Philipon est content de savoir que ses appels sont bien diffusés dans les écoles.「Jean Philipon は（数学の面白さをうったえる）彼のメッセージが十分に学校側に伝わっていることに満足している」

本文第1段落の末尾には、Depuis cinq ou six ans, elle (= la France) tire aussi son épingle du jeu dans les concours internationaux réservés aux lycéens.「この5、6年ほど、フランスは高校生を対象にした（数学の）国際コンクールでもそれなりの成績を収めている」という記述がありますが、この部分をうけて、第2段落の冒頭では、On est loin du compte. Nos appels sont insuffisamment relayés dans les collèges et lycées.「実情はずっと心許ないもので、われわれの呼びかけは中学や高校には十分伝わっていません」という Jean Philipon の見解が引用されており、(3)は本文の内容と一致しないことがわかります。être loin du compte は「計算が大きくはずれている」、転じて「事実と合わない」の意で用いる成句表現です。

(4) Selon Thomas Chambon, on n'a besoin ni de gros théorèmes ni de beaucoup de calculs ni de réflexion pour trouver une bonne solution mathématique.「Thomas Chambon によれば、数学の問題に適切な解を見いだすには大げさな定理もいらないし、長大な演算も熟考も必要ではない」

第1段落の半ばで引用されているように、Thomas Chambon は、Pour parvenir à une solution jolie, assez courte, et propre, pas besoin de gros théorèmes ou de beaucoup de calculs, juste de la réflexion.「簡潔で正確な洗練された解法にたどり着くために必要なのは、大げさな定理や多くの計算ではなく、よく考えることだけです」と述べています。

(5) Thomas Chambon a travaillé seul pour préparer les Olympiades internationales mathématiques.「Thomas Chambon は国際数学オリンピックの準備のための勉強をひとりでおこなった」

第1段落の前半を読むと、数少ない他のフランス人の若者とともに「国際数学オリンピック」および「若い数学者の国際トーナメント」の代表に選ばれた Thomas Chambon は、des stages de préparation à ces compétitions「(2つの大会の) 準備のための研修」に参加していることがわかり、Chambon はひとりでコンクールの準備をしたわけではありません。

(6) Une étude récente a établi que les mathématiques n'avaient qu'un impact insignifiant sur l'économie française.「最近の調査は、数学がフランス経済におよぼす波及効果は取るに足らないものであることを示している」

第3段落では、数学が 285 milliards d'euros de valeur ajoutée, soit 15 % du PIB「2850億ユーロ、すなわち国内総生産の15%に相当する付加価値」をフランス経済にもたらしているという調査結果が紹介されており、「数学がもたらす経済的効果」が insignifiant「ごくわずかなもの」とする(6)の記述は本文の内容とは一致しません。

得点率は(1) 95%、(2) 84%、(3) 98%、(4) 82%、(5) 98%、(6) 78%、問題[7]全体では89%でした。

解答 (1) ① (2) ① (3) ② (4) ② (5) ② (6) ②

8

解説 長文を読み、その内容を、設問にしたがって日本語で要約する問題です。設問に対応する本文の記述は1ヵ所とは限らず、解答にあたっては、単に文章の一部を訳すのではなく、全体の論旨に目を配らなければなりません。

今回の出題は、「無制限の有給休暇」の取得を可能にするという、アメリカで生まれた新しい就業モデルについて述べた文章です。

(1)「無制限の有給休暇は、従業員にどのようなことを求める制度ですか」

「無制限の有給休暇」について、筆者は第2段落で、[...] les employés sont libres de prendre autant de jours de vacances que souhaité, à partir du moment où le job est fait.「仕事が終わった時点で、従業員は何日でも望む

限りの休暇を取得することができる」という原則を述べ、この制度の眼目が、responsabiliser l'individu pour qu'il puisse organiser son temps de travail, mais aussi son temps de repos「就業時間と同様、休暇の時間についても各自の責任で管理するようにうながす」点にあることを説明しています。そのうえで、« Nous devons nous concentrer sur ce qui doit être accompli par l'employé, pas sur le nombre d'heures qu'il effectue »「働いた時間ではなく、成し遂げられるべき成果にしぼって（従業員の評価をおこなわなければならない）」というNetflix社の方針が示されていることから、(1)については、この2つをまとめ、「就業と休暇の予定を各自が管理する」、および「労働の成果に対して責任を負う」の2点に言及することになります。得点率は61%でした。

(2)「筆者によると、フランスとアメリカ合衆国における無制限の有給休暇の定着率の開きは両国のどのような違いによるとされますか」

本文の第3段落で、筆者は、フランスとアメリカにおける新たな就業モデルの定着率に相当の差があることを指摘し、その理由をles différences de système entre les deux pays「2つの国の制度上の違い」に求めています。より具体的には、Les employés français bénéficient d'au moins cinq semaines de congés payés, tandis que les patrons américains sont libres de ne pas en accorder du tout.「フランスの従業員が少なくとも（年に）5週間の有給休暇を取得できるのに対し、アメリカの雇用者は従業員に有給休暇を一切あたえないことも可能である」ということですが、言いかえればアメリカの場合、企業に対して有給休暇の付与が義務づけられていないということですから、(2)については、「企業や雇用者が有給休暇をもうける義務を負っているかどうか」という内容を答えればよいことになります。得点率は50%でした。

(3)「本文では、無制限の有給休暇が従業員におよぼす影響についてどのような懸念が指摘されていますか」

「無制限の有給休暇」の弊害について、本文では第5段落で、le nouveau modèle n'est pas sans conséquences négatives「新たな就業モデルには好ましくない結果がともなうこともある」という社会学者Aurélie Durandの見解が引用されています。Durandによれば、Quand les congés sont à la libre initiative de l'employé, il n'en prend pas. Il a tendance à en faire trop quand il n'a pas de cadre légal de protection.「休暇の取得が各自の裁量に委ねられると、従業員は休暇を取得せず、(就労者を保護する) 法的な枠組みが存在しない場合、無理に仕事をしてしまう傾向がある」とされ、その結果、La pression peut notamment l'amener à s'impliquer excessivement dans l'entreprise, parfois au détriment de sa santé「プレッシャーのあまり、ときには健康を犠牲にしてでも過度に仕事に身を入れてしまう」ということですから、「無制限の有給休暇」が従業員にもたらす「好ましくない影響」については、以上の内容をまとめ、「休暇を取らずに働きすぎの状態になり、健康をそこねる恐れがある」とすればよいでしょう。本文の en faire trop は「無理をする」という意味の熟語表現になることに注意してください (たとえば s'en aller「立ち去る」、en vouloir à「～を恨む」といった言い方の場合と同様で、この en はひとまとまりの表現の一部をなし、代名詞として先行する文の要素をうけているわけではありません)。得点率は53%でした。

問題8全体の得点率は55%でした。

解答例
(1) 就業と休暇の予定を自ら管理し、成果に対して責任をもつ。(27字)
(2) 企業に有給休暇をもうける義務があるかどうか。(22字)
(3) 十分に休暇を取らずに働きすぎの状態になり、時として健康を害する。(32字)

9 **解説** 和文仏訳の問題です。日本語の文章の内容をよく吟味したうえで、文意をそこなわないように留意しながら、フランス語として自然な文を組み立てます。逐語訳を避けつつ、なるべく平易で簡潔な文を作るように心がけるとよいでしょう。

今回の出題は、パリのみやげに石を拾ってくるように頼まれるという話です。

第1文:「ある友人から、パリに行ったら石をひとつ拾ってきてくれないかと頼まれた」

訳例:Un ami m'a demandé si je pouvais lui ramasser une pierre quand j'irais à Paris.

日本語の表現は「頼まれた」という受動態ですが、訳例では un ami を主語に立て、動詞 demander の目的語にあたる部分（＝依頼の内容）を接続詞 si でみちびく間接疑問の形がとられています（「ある友人が、私に、～してくれるかどうか尋ねた」）。この場合、主文の動詞 a demandé が過去時制（複合過去）ですから、si 以下の従属節では、時制の照応の原則にしたがい、「過去における現在」が半過去 je pouvais、「過去における未来」が条件法現在 j'irais で表わされている点に注意してください。こうした従属節における時制の問題を避けるのであれば、接続詞を用いず、Un ami m'a demandé / prié de lui ramasser、あるいは J'ai été prié(e) par un ami de lui ramasser とすることも可能です（後者は元の日本語の受動表現に近い言い方になります）。lui ramasser une pierre のかわりに ramasser une pierre pour lui としてもかまいませんし、une pierre にかえて un caillou でもよいでしょう。

第 2 文：「約束どおりパリで彼のために石をひとつ拾ったが、帰国してから急に不安になった」

訳例：Comme je l'avais promis, j'ai ramassé une pierre pour lui à Paris, mais à mon retour, j'ai soudain été pris(e) d'une inquiétude.

「約束どおり」は、「（私が）約束したように」と言いかえ、約束の内容を中性代名詞 le でおぎなって Comme je l'avais promis とします。この場合も動詞の時制には注意が必要で、後続の j'ai ramassé une pierre「石をひとつ拾った」の部分が複合過去ですから、行為・出来事の前後関係を考慮すれば、（友人に）「約束した」の部分には他の過去時制に対する先立性（「過去における過去」）を示す大過去 je l'avais を用いることになります。「約束する」は promettre にかえて s'engager à を用い、Comme je m'y étais engagé(e) としてもよく、動詞 tenir を使った Tenant ma promesse、Tenant parole のような言い方も可能です。より簡潔に、Fidèle à ma promesse (parole)、Comme promis のような慣用句を用いてもよいでしょう。

「急に不安になった」は、訳例の j'ai soudain été pris(e) d'une inquiétude のほか、je me suis soudain inquiété(e)、j'ai été pris(e) d'une soudaine (brusque / subite) inquiétude、j'ai eu (j'ai éprouvé d') une soudaine (brusque / subite) inquiétude、une soudaine inquiétude m'est venue など、さまざまな言い方が可能です。「急に」の意の副詞 soudain は soudainement、brusquement、subitement でもよく、「不安」は inquiétude にかえて appréhension でもかま

いません。

第3文：「石といってもなんの変哲もない石なので、東京で拾ったものと思われないだろうか」

訳例：L'objet n'étant qu'une simple pierre, sans rien de spécial, mon ami n'allait-il pas penser que je l'avais ramassé à Tokyo ?

「石といってもなんの変哲もない石なので」の部分は主語の選択に迷うところですが、訳例のように pierre の繰り返しを避け、l'objet を用いるのも 1 つの方法です。分詞 n'étant que のかわりに接続詞を使い、Comme (Puisque / Étant donné que) l'objet n'était que とすることも可能ですが、第 2 文で comme を使用している場合は同じ接続詞の繰り返しは避けるべきでしょう。「なんの変哲もない」は訳例の une simple pierre, sans rien de spécial にかえて une pierre banale (quelconque / comme les autres), sans rien de particulier (d'exceptionnel) などでもよく、単に L'objet n'ayant rien de spécial とすることもできます。

「(東京で拾ったものと) 思われないだろうか」は mon ami ne pouvait-il pas penser、n'allait-on pas penser、ne pouvait-on pas penser としてもよく、動詞の時制も半過去のほか、「不確実性」を示す条件法現在や直説法現在、あるいは単純未来を用いることも可能です (ne pourrait-il pas penser、ne penserait-il pas、ne pense-t-il pas、ne va-t-il pas penser、ne pensera-t-il pas など)。「思う」は penser のかわりに supposer、s'imaginer、croire などでもかまいません。

得点率は 36%でした。

解答例 Un ami m'a demandé si je pouvais lui ramasser une pierre quand j'irais à Paris. Comme je l'avais promis, j'ai ramassé une pierre pour lui à Paris, mais à mon retour, j'ai soudain été pris(e) d'une inquiétude. L'objet n'étant qu'une simple pierre, sans rien de spécial, mon ami n'allait-il pas penser que je l'avais ramassé à Tokyo ?

書き取り・聞き取り試験

解説・解答

書き取り試験

解説 書き取り試験では、聞き取った音を正確につづるだけではなく、形容詞や過去分詞の性数一致など、音としては現れない要素にも留意し、文法的に破綻のない文を組み立てる「統辞レベル」での配慮が不可欠です。アクサンの向きをふくめ、明確に判読できない場合、また point の指示のあと、文の冒頭が大文字で書き始められていない場合は誤答と見なされます。

今回の出題は、Nice のレストランで、幼い女の子が誤ってジュースのかわりに出された業務用の洗浄剤を飲み、病院に搬送されたという話です。

❶ つづりおよび聴取レベル

ありふれた語彙の 1 つであるにもかかわらず、今回意外に誤りが多かったのが、この文章では se rendre compte「理解する、気づく」という意味の成句として用いられている第 3 文の compte で、*compt*、*comte* などの誤記が目につきます。名詞では、第 8 文の gendarmes も多くの受験者を悩ませていたようで、*gens d'arme* のような誤りは、語源を考えるとたしかに頷けるものがあります。同じ第 8 文の par erreur「誤って」に関しては、par *error* のような英語のつづりとの混同にも注意すべきでしょう。第 2 文の commandé を comm*e*ndé、第 6 文の en urgence を *un* urgence、第 8 文の récipient「容器」を récipi*a*nt としたケースはどれもよく似たパターンの誤りですが、en urgence が d'urgence と同じ「急いで、緊急に」という意味の成句として用いられていることに思いいたれば、冠詞 un ではなく前置詞 en を選ぶことはそれほど困難ではありません。第 3 文の le verre contenait を le verre *contené* とした場合、文として成立しないのはもちろんですが、contenir という動詞の活用の型を思い出してみる必要もありそうです（contenir の過去分詞は contenu です）。

❷ 統辞レベル

第1文のa été intoxiquée、第7文のest sortie、avait été plongéeなどはいずれも助動詞êtreを用いる複合形ですから、過去分詞はそれぞれ主語に一致させて女性単数形を用います。一方、第2文のson père l'a regardée boireは助動詞にavoirを用いる複合形の例で、この場合は過去分詞regardéeが動詞の前に置かれた直接目的語（ここでは代名詞l' = la）と性数の一致をしている点に注意してください。第5文の複合過去Le produit a traverséを半過去le produit travers*ait*と聞き誤っているケースもめだちましたが、第4文のLa petite a ingéré celui-ci, et elle l'a immédiatement vomi.や同じ第5文のLe produit [...] lui a brûlé la peau.など、前後の動詞の時制に注目すれば、ここでは複合過去を反復的に用い、出来事を時系列順に記していることがわかります。また、第5文ではlui a brûlé la peauの代名詞luiをleまたはlaととりちがえ、*l'*a brûlé(e) la peauとしているケースも少なくありませんでした。この場合、動詞brûlerの直接目的語が後続のla peauであることは明らかですから、同時にleあるいはlaのような直接目的の代名詞を用いるのは文法的にも無理があります。Je lui ai pris la main.「私は彼女の手をとった」のような言い方と同様、第5文のlui a brûlé la peauは、間接目的の代名詞が「身体の一部とともに用いられている」例と考えることができます。

書き取り試験全体の得点率は56%でした。

解答 Une fillette de 22 mois a été gravement intoxiquée, ce jeudi, dans un restaurant de Nice. Après avoir commandé pour elle un jus de fruit, son père l'a regardée boire. Il s'est rendu compte que le verre contenait un liquide d'une couleur inhabituelle. La petite a ingéré celui-ci, et elle l'a immédiatement vomi. Le produit a traversé sa robe et lui a brûlé la peau. La malheureuse a été conduite à l'hôpital en urgence. Elle est sortie samedi du coma artificiel dans lequel elle avait été plongée. Selon les gendarmes, le produit serait un détergent pour lave-vaisselle industriel versé par erreur dans un récipient par un employé, mis au réfrigérateur par un autre, et servi par un troisième. C'est une négligence grave.

聞き取り試験

1

(1) C'est une profession qui consiste à (　　　) les (　　　) des gens.
(2) Il fait des propositions (　　　) à leurs (　　　) et à leurs besoins.
(3) En ce qu'il présente différentes (　　　) pour que ses clients s'(　　　) avec précision.
(4) Il dit que les (　　　) pastel sont en (　　　) cette année.
(5) Parce que chaque bouquet demande de faire preuve de (　　　) en (　　　) avec les clients.

(読まれるテキスト)

La journaliste : Vous venez d'obtenir le prix du meilleur fleuriste de Rennes. D'abord, comment définissez-vous votre profession ?

Aurélien : Pour moi, les fleuristes sont des transmetteurs d'émotions.

La journaliste : Vous donnez des conseils aux clients ?

Aurélien : Oui, mais ça dépend des gens. Je les laisse choisir, mais en même temps, je leur fais des propositions adaptées à leurs goûts et à leurs besoins.

La journaliste : Vous êtes donc un peu un « guide des bouquets » ?

Aurélien : Exactement. Je présente différentes compositions aux clients pour leur permettre de s'exprimer avec précision.

La journaliste : Y a-t-il des fleurs particulièrement en vogue ?

Aurélien : Oui, mais cette année, quelles que soient les fleurs, on utilise beaucoup les couleurs pastel.

La journaliste : Finalement, qu'est-ce qui fait que vous aimez votre métier ?

Aurélien : Ce n'est pas répétitif. Les fleurs changent au fil des saisons, et pour chaque bouquet, il faut faire preuve de créativité en collaboration avec les clients.

(読まれる質問)

un : Quelle est la définition qu'Aurélien donne de sa profession ?

deux : Comment Aurélien donne-t-il des conseils à ses clients ?

trois : En quoi peut-on dire que le fleuriste est un « guide des bouquets » ?

quatre : Qu'est-ce qu'Aurélien dit à propos de la tendance actuelle ?

cinq : Pourquoi Aurélien aime son métier ?

解 説 フランス語の文章とその内容に関する質問を聞き取り、質問に対する答えの文を、空欄をうめる形で完成させる問題です。

今回の出題は、インタビュー形式の対話文で、Rennes の「ベスト・フローリスト」に選ばれた Aurélien が自分の職業について語っています。設問のうち、(1)と(3)では、聞き取った語をそのまま転記するのではなく、内容のパラフレーズや言いかえが求められることになります。

(1) Quelle est la définition qu'Aurélien donne de sa profession ?「Aurélien は自分の職業をどのように定義していますか」

D'abord, comment définissez-vous votre profession ?「まず最初に、あなたは自分の職業をどのように定義しますか」というインタビュアーの質問に対し、Aurélien は、Pour moi, les fleuristes sont des transmetteurs d'émotions.「私にとって、フローリストとは感動を伝える者のことです」と答えています。応答文の2つ目の空欄にはémotionsがそのまま入りますが、consiste àにつづく最初の空欄には動詞の不定形が該当することから、transmetteursを動詞に変え、transmettreをおぎなうことになります（C'est une profession qui consiste à (transmettre) les (émotions) des gens.「それは人々の感動を伝える職業です」）。

得点率はそれぞれ86％と64％でした。

(2) Comment Aurélien donne-t-il des conseils à ses clients ?「Aurélienは顧客に対し、どのようにアドバイスをしていますか」

Vous donnez des conseils aux clients ?「顧客にアドバイスをしていますか」というインタビュアーの質問に対し、Aurélienは、ça dépend des gens「人によりけりです」と答え、Je les laisse choisir, mais en même temps, je leur fais des propositions adaptées à leurs goûts et à leurs besoins.「顧客の選択に任せていますが、同時に彼らの好みと必要に応じた提案もしています」と述べています。応答文はAurélienの説明の最後の部分を繰り返したものですから、空欄にはそれぞれadaptéesとgoûtsが入り、Il fait des propositions (adaptées) à leurs (goûts) et à leurs besoins. が正解です。名詞propositionsと過去分詞adaptéesの一致（女性複数）には十分注意してください。goûtsは新つづり字でgoutsとしてもかまいません。

得点率は50％と59％でした。

(3) En quoi peut-on dire que le fleuriste est un « guide des bouquets » ?「フローリストはどのような点で「花束のガイド」であると言えるのでしょうか」

Vous êtes donc un peu un « guide des bouquets » ?「あなたはいわば「ブーケのガイド」というわけですね」と述べるインタビュアーに対し、Aurélienは、Exactement. Je présente différentes compositions aux clients pour leur permettre de s'exprimer avec précision.「そのとおりです。私は顧客が的確に自分を表現できるよう、ブーケのさまざまな作り方を示します」と応じています。最初の空欄にはcompositions「作り方」がそのまま入りますが、2つ目に関してはpour que ses clients s'(　　　)という応答文の表現に合わせ、s'exprimerの接続法現在・3人称複数の活用形s'(expriment)が正解となります。

得点率は順に81％と27％でした。

(4) Qu'est-ce qu'Aurélien dit à propos de la tendance actuelle ?「Aurélien は目下の流行について何と言っていますか」

Y a-t-il des fleurs particulièrement en vogue ?「とくに流行している花はありますか」と尋ねられた Aurélien は、[...] cette année, quelles que soient les fleurs, on utilise beaucoup les couleurs pastel.「今年の場合、花の種類にかかわらず、パステルカラーが好んで用いられています」と述べており、Il dit que les (couleurs) pastel sont en (vogue) cette année.「彼は今年はパステルカラーが流行っていると述べている」が正解です。

得点率はそれぞれ 82%と 62%でした。

(5) Pourquoi Aurélien aime son métier ?「Aurélien が自分の仕事が好きな理由は何ですか」

Finalement, qu'est-ce qui fait que vous aimez votre métier ?「結局のところ、あなたはなぜ自分の仕事が好きなのでしょう？」というインタビュアーの最後の質問に対し、Aurélien は、Ce n'est pas répétitif.「繰り返しがないからです」と答え、[...] et pour chaque bouquet, il faut faire preuve de créativité en collaboration avec les clients.「花束ひとつひとつに、顧客と協力しながら創意を示さなければなりません」と述べています。空欄にはそれぞれ créativité と collaboration が入り、Parce que chaque bouquet demande de faire preuve de (créativité) en (collaboration) avec les clients.「ひとつひとつのブーケについて、顧客と協力しながら創意を示すことが求められるから」が正解です。

得点率は順に 82%と 72%でした。

聞き取り1全体の得点率は 67%でした。

解答

(1) (transmettre) (émotions)
(2) (adaptées) (goûts)
(3) (compositions) (expriment)
(4) (couleurs) (vogue)
(5) (créativité) (collaboration)

2

（読まれるテキスト）

Il aurait dû devenir le premier Noir africain à voyager dans l'espace. Le Sud-Africain David Baron est mort dans un accident de moto, a annoncé sa famille samedi. Il avait seulement 29 ans.

Marchand de journaux, il était surnommé « l'afronaute » depuis qu'il avait gagné en 2016 le droit d'effectuer un vol de 120 kilomètres dans l'espace à bord d'un vaisseau spatial américain. Sélectionné avec 25 autres personnes pour effectuer un voyage d'une heure dans l'espace, il avait battu un million d'autres candidats venus de 76 pays. David Baron, originaire de Temba, au nord de la capitale sud-africaine Pretoria, s'était entraîné pendant une semaine en Floride. Au programme : sauts en chute libre, vols à bord d'avions de combat et résistance à l'accélération.

Le concours était organisé par l'Académie de l'Espace pour Tous et parrainé par une entreprise chinoise de tourisme spatial. Programmé en 2019, le vol avait été reporté et devait avoir lieu en décembre 2020. Après un de ses compatriotes qui, en 2002, avait été le premier Africain blanc à voyager dans l'espace, David Baron pensait qu'il pourrait inspirer les jeunes Africains, et leur montrer qu'ils pouvaient tout faire.

（読まれる内容について述べた文）

un : David Baron aurait dû devenir le premier Africain à voyager dans l'espace.

deux : Ce sont des membres de sa famille qui ont annoncé le décès de David Baron.

trois : David Baron était journaliste.

quatre : En 2016, David Baron avait gagné le droit d'effectuer un vol dans l'espace à bord d'un vaisseau spatial américain.

cinq : Au concours de 2016, il y avait eu un million de candidats venus de plus de 80 pays.

six : David Baron était né au nord de la capitale sud-africaine.

sept : En Floride, David Baron s'était entraîné pendant un mois.

huit : Le concours de 2016 était parrainé par une entreprise américaine de tourisme spatial.

neuf : Le vol devait initialement avoir lieu en décembre 2020.

dix : David Baron pensait qu'il pourrait montrer un bon exemple aux jeunes Africains.

解 説 ある程度の長さの文と、その内容について述べた設問の文を聞き取り、本文と設問の内容が一致するかどうかを判断する問題です。

今回出題されたのは、初飛行を前に不慮の死をとげた、南アフリカ出身の宇宙飛行士に関する文章です。

(1) David Baron aurait dû devenir le premier Africain à voyager dans l'espace.
「David Baron は宇宙飛行をおこなう最初のアフリカ人になるはずだった」

本文では、第 1 段落の冒頭で、Il (= David Baron) aurait dû devenir le premier Noir africain à voyager dans l'espace.「彼 (David Baron) は、アフリカ出身の黒人としてはじめて宇宙飛行をおこなうはずだった」と述べられています。ただし、アフリカ人の宇宙飛行士は David Baron がはじめてというわけではなく、第 3 段落に、un de ses compatriotes qui, en 2002, avait été le premier Africain blanc à voyager dans l'espace「2002 年にはじめてアフリカ出身の白人として宇宙を旅した彼の同国人の 1 人」という記述があることから、Baron よりも前に、彼と同じ南アフリカ出身の白人がアフリカ人として初の宇宙飛行をおこなっていたことがわかります。

(2) Ce sont des membres de sa famille qui ont annoncé le décès de David Baron.「David Baron の死去を公にしたのは彼の家族である」

David Baron の死については、第 1 段落で、Le Sud-Africain David Baron est mort dans un accident de moto, a annoncé sa famille samedi.「南アフリカ人の David Baron がバイクの事故で亡くなったことを彼の家族が土曜日に公にした」と述べられています。

(3) David Baron était journaliste.「David Baron はジャーナリストだった」

第 2 段落の冒頭に、宇宙飛行士としての訓練を受ける前の David Baron の職業が marchand de journaux「新聞の販売」だったことが述べられており、(3)は本文の内容と一致しません。

(4) En 2016, David Baron avait gagné le droit d'effectuer un vol dans l'espace à bord d'un vaisseau spatial américain.「David Baron はアメリカの宇宙船に搭乗して宇宙飛行をおこなう権利を 2016 年に得ていた」

設問の文は、第 2 段落の、[…] il avait gagné en 2016 le droit d'effectuer un vol de 120 kilomètres dans l'espace à bord d'un vaisseau spatial américain.「彼 (David Baron) はアメリカの宇宙船に搭乗して宇宙を 120km 飛行する権利を 2016 年に得ていた」とほぼ同一です。

(5) Au concours de 2016, il y avait eu un million de candidats venus de plus de 80 pays.「2016 年の選抜コンクールには 80ヵ国以上から 100 万人の候補者が参加した」

第 2 段落では、2016 年のコンクールについて、David Baron が un million d'autres candidats venus de 76 pays「76ヵ国から参加した 100 万人の候補者」のなかから選ばれたと述べられており、(5)は本文の内容と一致しません。

(6) David Baron était né au nord de la capitale sud-africaine.「David Baron は南アフリカの首都の北部で生まれた」

David Baron の出身地については、第 2 段落に、[…] originaire de Temba, au nord de la capitale sud-africaine Pretoria「南アフリカの首都 Pretoria の

北部、Tembaの出身」と述べられており、(2)は本文の内容と一致します。

(7) En Floride, David Baron s'était entraîné pendant un mois.「David Baronはフロリダで1ヵ月間訓練を受けた」

第2段落では、David Baron [...] s'était entraîné pendant une semaine en Floride.「David Baronはフロリダで1週間訓練を受けた」と述べられています。

(8) Le concours de 2016 était parrainé par une entreprise américaine de tourisme spatial.「2016年のコンクールはアメリカの宇宙観光企業の後援を受けていた」

2016年のコンクールの後援企業については、第3段落の冒頭で、Le concours était organisé par l'Académie de l'Espace pour Tous et parrainé par une entreprise chinoise de tourisme spatial.「コンクールはAcadémie de l'Espace pour Tousによって主催され、中国の宇宙観光企業の後援を受けていた」と説明されています。

(9) Le vol devait initialement avoir lieu en décembre 2020.「(David Baronの)宇宙飛行は当初2020年12月におこなわれる予定だった」

Programmé en 2019, le vol avait été reporté et devait avoir lieu en décembre 2020.「2019年に予定されていた(David Baronの)宇宙飛行は延期され、2020年12月におこなわれることになっていた」という第3段落の記述から、Baronの宇宙飛行は当初の予定では2019年におこなわれるはずだったことになり、当初の予定を「2020年12月」としている(9)は本文の内容と一致しません。

(10) David Baron pensait qu'il pourrait montrer un bon exemple aux jeunes Africains.「David Baronは自分がアフリカの若者たちによいお手本を示すことができるだろうと考えていた」

本文の末尾には、[...] David Baron pensait qu'il pourrait inspirer les jeunes Africains, et leur montrer qu'ils pouvaient tout faire.「David Baronは自分の例がアフリカの若者たちを触発し、どんなことでも可能なのだということを彼らに示すことができるだろうと思っていた」という1文があり、設問の文はこれを言いかえたものと考えることができます。

得点率は(1) 44%、(2) 82%、(3) 93%、(4) 98%、(5) 98%、(6) 88%、(7) 93%、(8) 95%、(9) 49%、(10) 94%、聞き取り[2]全体では83%でした。

解答　(1) ②　(2) ①　(3) ②　(4) ①　(5) ②
(6) ①　(7) ②　(8) ②　(9) ②　(10) ①

1次試験配点表

筆記試験	[1]	[2]	[3]	[4]	[5]	[6]	[7]	[8]	[9]	小計	書き取り	小計	聞き取り	[1]	[2]	小計	計
	12点	8	8	5	10	10	12	15	20	100		20		20	10	30	150

2 次 試 験

試験方法

(a) 試験は個人面接の形でおこなわれます。
面接委員はフランス人1人＋日本人1人です。

(b) 試験室に入室する3分前に **A**、**B** 一組の問題を渡されます。
A、**B** どちらかの問題を選び、3分間程度の論述 exposé をまとめます。

(c) 入室すると面接委員が本人確認をおこないます。

(d) 用意した論述をおこないます。

(e) 論述の内容をふまえ、面接委員との間で質疑応答をおこないます。

(f) 試験時間は入室から退室まで、全体で約9分間です。

解 説

2次試験の問題は **A**、**B**　2つのテーマからなり、いずれか1つを選択します。**A** は政治や経済、社会などに関する、どちらかといえば時事的な話題、**B** はより日常的、一般的な話題を扱ったものです。今季の出題は以下のとおりでした。

1. **A)** 現代の世界において、人種差別はあらゆる場所に存在するでしょうか。
   B) あなたの考えでは、リモートワークの長所と短所は何ですか。

2. **A)** 日本では、政治の世界における女性の参画が依然としてきわめて遅れています。政治的な男女平等を実現するにはどうしたらよいでしょうか。
   B) あるフランスの社会学者によれば、子どもの潜在的な可能性は5歳の時点ですでに両親の社会的な帰属によって条件付けられているといいます。このことをどう考えますか。

2次試験では、選択したテーマに関する受験者の exposé（口頭論述）と質疑応答をもとに、2人の面接委員が、論述の内容、質疑応答の能力およびフランス語の能力について、以下の3つの基準に沿って評価をおこないます。

(1) **論述の内容**

論述に論理的な構成があり、主張が具体例にもとづいて説得的に提示されていること。

(2) **質疑応答の能力**

面接委員の質問に的確に応答し、自分の主張に対して示された意見や見解をふまえた議論の展開ができること。

(3) **フランス語の能力**

フランス語の発音、文法が正確であること。語彙、表現が豊かで洗練されていること。

今季の場合、1. では**B**の「リモートワーク」を選ぶケースが圧倒的に多かったようです。リモートワークの功罪についてはメディアでもさかんに取り上げられており、「移動の時間の節約になってよい」、「家にずっといるので家族にいやな顔をされる」、「じかに会って話さないと通じにくい」、「リモハラに辟易する」等、話をする材料には事欠きませんが、「論述の客観的構成」という点を考えれば、単なる事例の列挙に終始することは避けなければなりません（少なくとも個別的なメリット、デメリットをあげたうえで、「プライベートと仕事を区別するのがむずかしい」といった形で問題を整理・要約しておく必要はあるでしょう）。議論の幅を広げるには、たとえば「在宅勤務」にかかわる制度的な問題に目を向けることもできますし、「リモートワークが私たちの「日常」の概念をどう変えたか、あるいは変えうるか」といった、少し見方を変えた議論を試みることも可能です。

一方 2. の**B**のような「格差の再生産」をめぐる議論もこのところよく目にするものですが、この問題を世に広めるきっかけとなった議論としてすぐに想起されるのは、「文化資本」をめぐるピエール・ブルデューの理論でしょう。問題文には「5歳の時点で」とあるので、仮にこの種の理論を引き合いに出すなら、子どもの潜在的な可能性は「就学前」に決定されている、つまり、機会の均等を原則にしているはずの学校教育が、実際には知識や文化財、学歴といった「文化資本」のある家庭に育った子に有利な選抜システムとして機能している、といった内容の議論を組み立てることができそうです。とはいえ、単なる受け売りでは中身のある論述にはならず、たとえばフランスの社会を対象にしたこの種のモデルが日本にもあてはまるかどうか等、既存の理論を別の角度から眺める視点も不可欠です。

2021年度春季
実用フランス語技能検定試験
筆記試験問題冊子 〈1級〉

問題冊子は試験開始の合図があるまで開いてはいけません。

筆記試験		10時20分 ～ 12時20分 (休憩20分)
書き取り 聞き取り	試験	12時40分から約40分間

◇**筆記試験と書き取り・聞き取り試験の双方を受験しないと欠席になります。**

◇問題冊子は表紙を含め12ページ、全部で9問題です。

注意事項

1 途中退出はいっさい認めません。

2 筆記用具は**HBまたはBの黒鉛筆**(シャープペンシルも可)を用いてください。ボールペンや万年筆等でマークした解答は機械による読み取りの対象とならないため、採点されません。

3 解答用紙の所定欄に、**受験番号**と**カナ氏名**が印刷されていますから、まちがいがないか、**確認**してください。

4 **マーク式の解答は、解答用紙の解答欄にマークしてください。**たとえば、3の(1)に対して③と解答する場合は、次の例のように解答欄の③にマークしてください。

例 **3**

解答番号	解答欄
(1)	① ② ● ④ ⑤ ⑥ ⑦ ⑧

5 記述式の解答の場合、正しく判読できない文字で書かれたものは採点の対象となりません。

6 解答に関係のないことを書いた答案は無効にすることがあります。

7 解答用紙を折り曲げたり、破ったり、汚したりしないように注意してください。

8 問題内容に関する質問はいっさい受けつけません。

9 不正行為者はただちに退場、それ以降および来季以後の受験資格を失うことになります。

10 **携帯電話等の電子機器の電源はかならず切って、かばん等にしまってください。**通信機能のある時計は使用を禁じます。

11 **時計のアラームは使用しないでください。**

12 この試験問題の複製(コピー)を禁じます。また、この試験問題の一部または全部を当協会の許可なく他に伝えたり、漏えいしたりすることを禁じます(インターネットや携帯サイト等に掲載することも含みます)。

1　例にならい、次の (1) ～ (4) のイタリック体の部分を名詞を使った表現に変え、全文をほぼ同じ内容の文に書きあらためて、解答欄に書いてください。(配点　12)

(例) : Pourquoi *a*-t-on *renvoyé* Jacques ?
→ (解答) : Quelles sont les raisons du renvoi de Jacques ?

(1) C'est quelqu'un d'*intègre*, je vous l'assure !

(2) Comme les câbles étaient mal *joints*, il y a eu une panne de courant.

(3) Les dirigeants de ce pays *méprisent* profondément le peuple.

(4) Les États doivent agir pour qu'on *tolère* davantage la diversité culturelle.

(解説・解答 ▶ p.92)

2　次の (1) ～ (4) について、**A**、**B** の (　　) 内には同じつづりの語が入ります。(　　) 内に入れるのにもっとも適切な語 (各 1 語) を、解答欄に書いてください。(配点　8)

(1) **A** Ce bijou est en or (　　) véritable.
B La guerre a provoqué un exode (　　) et durable de la population.

(2) **A** La championne a fait des efforts surhumains pour (　　) son record.
B Tu sais comment (　　) des blancs en neige ?

(3) **A** Le ministère du Travail a diffusé une (　　) ce matin.
B L'(　　) primaire doit être obligatoire et gratuite.

(4) **A** Le serpent (　　) la souris d'un coup.
B Malgré sa fortune, l'ambition le (　　) encore aujourd'hui.

(解説・解答 ▶ p.94)

3　次の (1) ～ (4) の (　　) 内に入れるのにもっとも適切なものを、下の ① ～ ⑧ のなかから 1 つずつ選び、解答欄のその番号にマークしてください。ただし、同じものを複数回用いることはできません。なお、① ～ ⑧ では、文頭にくるものも小文字にしてあります。(配点　8)

(1) Dans un établissement religieux, une tenue correcte est (　　) rigueur.

(2) La pomme de terre nouvelle doit être consommée dans les deux ou trois jours (　　) peine de se ramollir.

(3) Nous en sommes (　　) nos frais.

(4) (　　) tout le respect que je vous dois, je ne peux accepter une telle idée.

① avec　② dans　③ de　④ en
⑤ par　⑥ pour　⑦ sous　⑧ sur

（解説・解答 ▶ p.96）

4 次の日本語の表現 (1) ～ (5) に対応するフランス語の表現は何ですか。(　　) 内に入れるのにもっとも適切な語 (各1語) を、解答欄に書いてください。(配点 5)

(1) クラウドファンディング　le financement (　　)

(2) 仔牛のクリーム煮　la (　　) de veau

(3) 背任　l'(　　) de confiance

(4) フェイスシールド　un (　　) facial

(5) 棒高跳び　le saut à la (　　)

(解説・解答 ▶ p.98)

5 次の文章を読み、(1) ~ (5) に入れるのにもっとも適切なものを、下の語群から1つずつ選び、必要な形にして解答欄に書いてください。ただし、同じものを複数回用いることはできません。(配点 10)

Le différend serait parti d'une entrecôte. Dimanche 25 mai, dans un restaurant de Périgueux, en Dordogne, le ton est soudain monté entre un touriste et le restaurateur, raconte un quotidien local. L'instant d'avant, le client, mécontent de la qualité de l'entrecôte qu'on lui avait servie, (1) de régler l'addition. « Je ne paye pas pour cette merde ! », aurait-il lancé. (2) par ces propos, le patron de l'établissement s'en est alors pris à lui. Il lui a sauté au visage, et arraché un morceau de l'oreille gauche.

Déféré au parquet de Périgueux mardi 27 mai, le restaurateur (3) devant le tribunal correctionnel en novembre prochain pour violences volontaires ayant entraîné une interruption totale de travail supérieure à huit jours. Il a d'ailleurs reconnu les faits. (4) au moment de l'altercation, il avait plus de trois grammes d'alcool dans le sang. Le journal précise qu'il a été placé sous contrôle judiciaire.

De son côté, le touriste (5) prescrire dix jours d'arrêt de travail, et il a écourté son séjour en Dordogne pour rentrer chez lui.

boire	comparaître	continuer	énerver
refuser	se dire	se voir	vivre

(解説・解答 ▶ p.100)

6 次の文章を読み、(1) ~ (5) に入れるのにもっとも適切なものを、右のページの ① ~ ⑧ のなかから 1 つずつ選び、解答欄のその番号にマークしてください。(配点 10)

Cela fait plusieurs années que le lien de cause à effet entre le réchauffement climatique et la fonte des glaces est prouvé. Une étude récemment publiée dans la revue *Science* montre que la disparition définitive de la calotte glaciaire du Groenland est probable, même si les émissions de gaz à effet de serre (1).

Les scientifiques se sont appuyés sur trois décennies de données satellitaires pour analyser les transformations du territoire arctique. « On peut aller observer les glaciers sur place, mais les satellites sont de formidables outils ; ils (2) », déclare Stéphane Borel, glaciologue et directeur de recherche au Centre des géosciences de l'environnement de Genève.

Jusqu'en 2000 environ, la perte de masse du glacier groenlandais était « normale ». C'est-à-dire que la fonte causée par le soleil, le contact avec l'eau, et le détachement des bouts de glace de la calotte (3). Mais les années suivantes, les chercheurs ont constaté que le rétrécissement de la calotte glaciaire locale s'accélérait. Le glacier a reculé si rapidement que les chutes de neige, qui (4) après une fonte naturelle accrue en période estivale, ne peuvent plus suivre le rythme de fonte des parties nouvellement exposées à l'eau de mer, de plus en plus chaude, ou à la température ambiante.

Les résultats de cette étude (5). « Quand bien même le point de non-retour serait atteint, il faut limiter l'accélération. Plus le réchauffement s'accentuera, plus la fonte sera rapide », met en garde Stéphane Borel.

① avaient lieu totalement à l'insu de l'humanité

② disparaissaient dès aujourd'hui

③ étaient à peu près responsables à parts égales de la disparition de la glace

④ ne nous seront d'aucune utilité

⑤ participaient jusqu'ici à reconstruire la surface glaciaire

⑥ permettent de réduire les erreurs d'observation

⑦ précipitaient la disparition du glacier

⑧ rappellent surtout la nécessité de freiner le changement climatique

(解説・解答 ▶ p.103)

7

次の文章を読み、右のページの (1) ～ (6) について、文章の内容に一致する場合は解答欄の ① に、一致しない場合は ② にマークしてください。(配点　12)

Aujourd'hui, les hiboux tuent à l'aide de leur bec. Mais il y a 55 millions d'années, ils utilisaient leurs pattes et leurs serres comme le font actuellement les aigles, révèle une étude internationale publiée dans le dernier numéro de la *Revue canadienne de paléontologie*.

Pour faire cette constatation, les chercheurs ont analysé le squelette particulièrement bien conservé d'un rapace découvert il y a 30 ans dans l'État du Wyoming (États-Unis). Ce spécimen a été baptisé *Primoptynx poliotaurus*. Il s'agit d'une espèce jusqu'alors inconnue. Ce genre d'oiseau, aujourd'hui disparu, aurait vécu durant le Paléogène, la période géologique qui s'est déroulée après l'extinction des dinosaures non-aviaires il y a 66 millions d'années. L'animal mesurait environ 50 centimètres. Si sa taille n'est pas fondamentalement impressionnante, une autre partie de son anatomie a intrigué les chercheurs. Anatole Dandrey, un des auteurs de l'article, affirme : « Ses pattes sont différentes de celles des hiboux et chouettes actuels. Nos hiboux ont quatre doigts avec des griffes de même taille pour attraper des proies relativement petites, et les tuer avec le bec. *Primoptynx* a les premier et second doigts plus longs, comme on le voit chez les éperviers, buses, aigles et autres membres de la famille des Accipitridés. Ces deux doigts plus développés sont utilisés pour épingler les proies, qui sont percées par les serres. *Primoptynx* était donc une sorte de hibou qui chassait comme un aigle des mammifères de taille moyenne. »

D'après Anatole Dandrey, l'extinction de ces hiboux préhistoriques peut avoir été liée à une concurrence avec les oiseaux de proie diurnes Accipitridés qui aurait conduit les hiboux à changer de technique de chasse au cours de leur évolution.

(1) Anatole Dandrey suppose que la disparition de *Primoptynx poliotaurus* est due à la prolifération des mammifères.

(2) C'est une équipe canadienne qui a découvert la technique de chasse de *Primoptynx poliotaurus.*

(3) De nos jours, les hiboux attrapent des proies assez petites.

(4) La taille de *Primoptynx poliotaurus* fascine les chercheurs.

(5) Les hiboux et les aigles utilisent aujourd'hui leurs pattes et leurs serres de la même façon.

(6) Les hiboux ont changé de technique de chasse au cours des millénaires.

（解説・解答 ▶ p.106）

8 次の文章を読み、右のページの (1) ～ (3) に、指示にしたがって**日本語**で答えてください。句読点も字数に数えます。

解答欄は解答用紙の裏面にあります。(配点　15)

À l'école non plus, l'argent n'est pas un sujet facile à aborder. Actuellement, la Banque de France expérimente un « brevet du budget » avec certains collégiens. À l'issue d'un enseignement de deux heures et après avoir répondu à un questionnaire, les élèves recevront un « passeport d'éducation financière », dans l'esprit du brevet de sécurité routière.

« Cette expérimentation, entamée en 2019 dans deux collèges de Palaiseau, a été élargie en 2020 à cinq villes, et il faudra décider ensuite de sa généralisation », indique Richard Sandrier, directeur de l'éducation financière à la Banque de France. « Il est essentiel que les jeunes soient sensibilisés aux questions budgétaires au moins une fois dans leur scolarité, quels que soient la façon dont on parle d'argent dans leur famille ou le niveau de revenus de leurs parents. C'est une question de sécurité. » Ces enseignements sont d'autant plus importants que la dématérialisation des moyens de paiement peut entraîner des problèmes, et qu'on peut désormais souscrire des produits financiers sans même franchir la porte d'un établissement bancaire.

L'initiative est menée dans le cadre de la « stratégie nationale d'éducation financière », lancée en 2016 par Bercy et pilotée par la Banque de France. Une première action avait été effectuée fin 2017, avec la mise en ligne de fiches pédagogiques destinées aux enseignants du primaire et aux professeurs de mathématiques du collège. Celles-ci ont été téléchargées mille fois en 2019, un nombre en progression par rapport à 2018, mais il y a encore beaucoup à faire pour qu'elles gagnent en notoriété.

Comment expliquer la relative faiblesse de cet enthousiasme ? « Le projet traite de sujets qui ne sont pas dans les programmes, déjà très chargés. Il y a aussi une forte réticence de certains enseignants à évoquer ces questions », affirme Richard Sandrier.

(1)　Richard　Sandrier氏によると、生徒たちは就学中にどうすることが大切だとされていますか。(30字以内)

(2)　筆者によると、学校における金融教育の必要性は、金銭をめぐるどのような状況から生じているとされていますか。(25字以内)

(3)　Richard　Sandrier氏は、学校における金融教育に対する関心が低いのはどのような理由によると考えていますか。(40字以内)

（解説・解答 ▶ p.108）

9

次の文章をフランス語に訳してください。
解答欄は解答用紙の裏面にあります。(配点　20)

きのう読んだSF小説はあまりに馬鹿馬鹿しくて、途中で読むのをやめてしまった。どうやったらこんなことを思いつくのだろう。できることなら作者の頭の中をのぞいてみたいものだ。案外、ふつうの人と変わらないのかもしれない。

(解説・解答 ▶ p.110)

2021年度春季
実用フランス語技能検定試験
聞き取り試験問題冊子 〈1級〉

書き取り・聞き取り試験時間は、
12時40分から約40分間

先に書き取り試験をおこないます。解答用紙表面の書き取り試験注意事項をよく読んでください。書き取り試験解答欄は裏面にあります。

この冊子は指示があるまで開かないでください。

◇**筆記試験と書き取り・聞き取り試験の双方を受験しないと欠席になります。**

◇問題冊子は表紙を含め 4 ページ、全部で 2 問題です。

書き取り・聞き取り試験注意事項

1 途中退出はいっさい認めません。

2 書き取り・聞き取り試験は、CD・テープでおこないます。

3 解答用紙の所定欄に、**受験番号**と**カナ氏名**が印刷されていますから、まちがいがないか、**確認**してください。

4 CD・テープの指示にしたがい、中を開いて、日本語の説明をよく読んでください。フランス語で書かれた部分にも目を通しておいてください。

5 解答はすべて別紙の書き取り・聞き取り試験解答用紙の解答欄に、**HBまたはBの黒鉛筆**（シャープペンシルも可）で記入またはマークしてください。ボールペンや万年筆等でマークした解答は機械による読み取りの対象とならないため、採点されません。

6 問題内容に関する質問はいっさい受けつけません。

7 **携帯電話等の電子機器の電源はかならず切って、かばん等にしまってください。**通信機能のある時計は使用を禁じます。

8 **時計のアラームは使用しないでください。**

9 この試験問題の複製（コピー）を禁じます。また、この試験問題の一部または全部を当協会の許可なく他に伝えたり、漏えいしたりすることを禁じます（インターネットや携帯サイト等に掲載することも含みます）。

書き取り・聞き取り試験

（試験時間：約 40 分間）

書き取り試験

注意事項

フランス語の文章を、次の要領で 3 回読みます。全文を書き取ってください。

- 1 回目は、ふつうの速さで全文を読みます。内容をよく理解するようにしてください。
- 2 回目は、ポーズをおきますから、その間に書き取ってください（句読点も読みます）。
- 最後に、もう 1 回ふつうの速さで全文を読みます。
- 読み終わってから 3 分後に、聞き取り試験にうつります。
- 数を書く場合は、算用数字で書いてかまいません。（配点　20）

［ 音声を聞く順番 ］ 08 → 09 → 08

（解説・解答 ▶ p.113）

聞き取り試験

1

- まず、Benoît へのインタビューを聞いてください。
- つづいて、それについての 5 つの質問を読みます。
- もう 1 回、インタビューを聞いてください。
- もう 1 回、5 つの質問を読みます。1 問ごとにポーズをおきますから、その間に、答えを解答用紙の解答欄にフランス語で書いてください。
- それぞれの (　　) 内に 1 語入ります。
- 答えを書く時間は、1 問につき 10 秒です。
- 最後に、もう 1 回インタビューを聞いてください。
- 数を記入する場合は、算用数字で書いてください。

(メモは自由にとってかまいません) (配点　20)

［ 音声を聞く順番 ］ 10 → 11 → 10 → 12 → 10

(1) Un (　　) qui (　　) de l’or, des rubis, des émeraudes et des diamants.

(2) Un poème de 24 (　　) inséré dans son (　　) publiée en 2011.

(3) Plusieurs (　　) d’(　　) l’ont cherché.

(4) Il exprime ses (　　) à tous les (　　) de cette chasse.

(5) Il avait envie d’(　　) les gens à (　　) la nature et de leur redonner espoir.

(解説・解答 ▶ p.116)

2

- まず、次のニュースを2回聞いてください。
- 次に、その内容について述べた文 (1) ～ (10) を2回通して読みます。それぞれの文がニュースの内容に一致する場合は解答欄の ① に、一致しない場合は ② にマークしてください。
- 最後に、もう1回 ニュースを聞いてください。
  (メモは自由にとってかまいません)(配点　10)

[音声を聞く順番]　⓭ → ⓭ → ⓮ → ⓮ → ⓭

(解説・解答 ▶ p.120)

2 次 試 験

試験方法

○2次試験は個人面接です（面接時間は9分）。

○各自の試験開始予定時刻3分前にテーマを2題渡します。この3分間に渡された2題のテ―マのうち、いずれか1題について考えをまとめておいてください。

○指示にしたがい試験室に入室し、はじめに氏名の確認がありますから、フランス語で答えてください。

○次に選択したテーマについて、3分間、フランス語で自由に述べてください。つづいてその内容についてフランス語で質問がありますから、フランス語で答えてください。時間の余裕があれば、一般会話をおこなうことがあります。

＊注意＊
- テーマが渡されてから、辞書・参考書類を使ったり、音読したり、他の人と相談したりしないでください。
- 試験室入室前に携帯電話の電源を切ってください。

2021年度は以下の問題のうちから、試験本部が選択したものを会場でお渡ししました。

次のテーマのうち、いずれか1題について考えをまとめておいてください。

【日本】

1.

A) Que pensez-vous de la politique d'immigration du Japon ?

B) Que pensez-vous de la dépendance des jeunes aux écrans ?

2.

A) Comment la pandémie a-t-elle changé le comportement des gens ?

B) Comment pourrait-on faire pour diminuer les commentaires violents ou agressifs sur les réseaux sociaux ?

3.

A) À cause de la pandémie, beaucoup d'universités ont interdit aux étudiants de venir sur leur campus. Pensez-vous que ces universités devraient rembourser aux étudiants leurs frais d'inscription ?

B) Que pensez-vous du phénomène appelé « mort solitaire » ?

（解説 ▶ p.125）

2021 年度 1 級

2021 年度の出願者は 460 名（うち受験者は 413 名）で、1 次試験の合格者は 48 名、対実受験者の合格率は 11.6%でした。これに 1 次試験免除者 7 名を加えた 55 名のうち 54 名が 2 次試験を受験し、1 次試験・2 次試験の両方に合格した最終合格者数は 46 名、対実受験者の最終合格率は 11.0%となっています。

1 次試験の平均点は 63 点（満点は 150 点)、得点率は 42%で、過去 5 回の平均（それぞれ 67 点および 45%）を下まわりました。

出題内容のあらまし

1次試験

［筆記］

1 動詞・形容詞の名詞化（全文書きかえ・記述）
2 多義語（穴うめ・記述）
3 前置詞（穴うめ・選択）
4 時事用語・常用語（穴うめ・記述）
5 説明文（酒に酔ったレストランの店主が起こした暴行事件／動詞を選択活用・記述）
6 説明文（温暖化と氷河融解の因果関係／穴うめ・選択）
7 説明文（先史時代のミミズクとその進化／内容一致・選択）
8 説明文（学校における金融教育導入の試み／日本語による内容要約・記述）
9 和文仏訳（あるSF小説を読んだときの印象／記述）

［書き取り］ 説明文（強盗が逃走中、外出許可証を落としたために逮捕された話）

［聞き取り］

1 インタビュー（100万ユーロ相当の宝を山にかくし、人々に宝さがしをさせた男性／穴うめ・記述）
2 報道ニュース（トラムトレイン内で起こった暴行事件／内容一致・選択）

2次試験（個人面接方式：受験者によるexposé（口頭論述）と質疑応答）

下記のテーマから1つを選択（国内）

1. 日本の移民政策／若者のネット依存
2. パンデミックによる行動変化／SNS上の暴力的なコメント対策
3. パンデミックによるキャンパス封鎖と授業料返還／「孤独死」

1 次 試 験

筆記試験

解説・解答

1 **解説** 文中のイタリック体で示された動詞、形容詞、副詞を派生関係にある名詞に置きかえ、全文をほぼ同じ意味の文に書きかえる問題です。派生関係にある語彙の知識はもちろん、名詞化にともなう構文の変換にも注意が必要です。

(1) C'est quelqu'un d'*intègre*, je vous l'assure !「清廉潔白な人ですよ、私が太鼓判を押します！」

形容詞 intègre「清廉潔白な、公平無私の」と派生関係にある名詞は intégrité「清廉潔白、公平無私」です。〈quelqu'un de＋形容詞男性単数形〉「〜な人」という表現と合わせて考えれば、設問文前半は「その人は清廉潔白な人です」となります。この一節をうける形で中性代名詞 le が用いられ、je vous l'assure「私はあなたにそのことを保証します」とつづきます。したがって、指定の形容詞を名詞に変更して文を書きかえる場合、「私はあなたに、その人の清廉潔白さを保証します」という文が考えられるでしょう。動詞 assurer は、人に対して何かを約束する場合は assurer *qn* de *qc*「人に〜を保証する、確信させる」という表現が使用されますので、Je vous assure de son intégrité. とするとよいでしょう。名詞化の誤りとしては、副詞 *intègrement* との混同や、*intégreté* というつづりミスがありました。また、派生関係にない *intégralité*「全体」、*intégration*「統合、同化」といった語を記した答案も確認されました。得点率は7%でした。

(2) Comme les câbles étaient mal *joints*, il y a eu une panne de courant.「ケーブルがしっかりと連結されていなかったために、停電が起きた」

設問文の前半は、動詞 joindre「結合する、つなぎ合わせる」の過去分詞 joint が使用された受動態の構文で、この動詞と派生関係にある名詞は

jonction「結合、連結」です。文頭に原因を示す接続詞 comme が使用されていますので、ケーブルの mauvaise jonction「接続不良」が停電を引き起こした、という意味の文、すなわち、La mauvaise jonction des câbles a causé une panne de courant. が書きかえとしてふさわしい文となります。「引き起こす」に相当する動詞としては、causer のほかに déclencher、produire、provoquer などが使用できます。過去の完了した出来事を語るのですから、動詞は直説法複合過去に活用させることも忘れないようにしましょう。実際の試験では、つづりミス *joinction* のほかに、*joint(s)*「継ぎ目、接合箇所」とした答案が多く見られましたが、設問文では接合するというアクション自体に不備があったことが述べられていますので不適切です。得点率は10%でした。

(3) Les dirigeants de ce pays *méprisent* profondément le peuple.「この国の指導者たちは国民を徹底的に軽視している」

動詞 mépriser「～を軽視する、軽蔑する」と派生関係にある名詞は mépris「軽視、軽蔑」です。名詞化したい動詞を修飾する副詞がある場合は、その副詞を形容詞化することを考えましょう。設問文の mépriser profondément「徹底的に軽視する」であれば un profond mépris「徹底的な軽視」と書きかえることができます。また、軽視・軽蔑する対象をみちびくには前置詞 pour を用います。以上の要素を組み合わせて、「この国の指導者たち」には「国民」に対する「徹底的な軽視」がある、という文 Les dirigeants de ce pays ont un profond mépris pour le peuple. を作ればよいでしょう。名詞化のレベルでつまずき、派生関係にない *méprise*「とりちがえ、思いちがい」という語を記した答案が多く見られました。得点率は22%でした。

(4) Les États doivent agir pour qu'on *tolère* davantage la diversité culturelle.「文化的多様性がよりいっそう許容されるように、国が動かなければならない」

動詞 tolérer「～を許容する、容認する」と派生関係にある名詞のうち、この文脈にもっとも適切なものは tolérance「許容、容認」です。また、pour que でみちびかれる従属節の主語 on は、ここでは一般的な「人々」を指していますので、書きかえにあたっては、「人々が文化的多様性をもっと認めるようになるよう、国レベルで行動を起こすべきだ」という意味の文を作ることになります。問題は tolérer davantage の副詞 davantage をどのような形容詞で書きかえるかですが、民間での「許容」の程度があがることがめざされているので、une plus grande tolérance や une meilleure tolérance（いずれも「よりいっそうの許容」の意）とすればよいでしょう。また、何に対する「許容」なのか示すには à l'égard de「～に対して」を使います。したがって、書きかえた文は Les États doivent agir en faveur d'une plus grande tolérance à l'égard de la diversité culturelle. となります。名詞化の誤りとしては、*tolérence* というつづりミスもありましたが、受験者はむしろ名詞化したあとで文を新たに組み立てるのに苦戦したようです。設問文の一部だけを変更してすませようとしても無理が出ますので、文全体を書き直す視点から解答を考えましょう。得点率は23％でした。

問題1全体の得点率は16％でした。

解答
(1) Je vous assure de son intégrité.
(2) La mauvaise jonction des câbles a causé une panne de courant.
(3) Les dirigeants de ce pays ont un profond mépris pour le peuple.
(4) Les États doivent agir en faveur d'une plus grande tolérance à l'égard de la diversité culturelle.

2 **解説** 多義語の問題です。2つの文 **A**、**B** の（　　）内に入る同じ1語を解答します。品詞や動詞の語形、形容詞の性数など、文法的な条件を考慮し、可能性のある語をしぼっていきます。

(1) **A** Ce bijou est en or (　　) véritable.
B La guerre a provoqué un exode (　　) et durable de la population.

正解は massif です。**A** では「純粋な、まじりけのない」、**B** では「大量の、おおぜいの」という意味で用いられています。文意はそれぞれ、「このアクセサリーは正真正銘の純金製だ」、「戦争は大量かつ長期にわたる住民の流出を引き起こした」となります。形容詞 massif は密度高くまとまった、かたまりの状態を指します。金、銀、銅、鉄、ステンレス、木材などとともに使用すれば**A**のような「均一な素材のかたまり」という意味になります。また、無数の要素の集合体という側面に注目すれば**B**のように「大量の」という意味になりますし、かたまり状のものの外見上の印象から「どっしりとした、重量のある」という意味にもなります。誤答としては、**A**から類推したと思われる*pur(e)*が多数確認されました。無回答の答案もかなりあり、難問だったようです。

得点率は5%でした。

(**2**) **A** La championne a fait des efforts surhumains pour (　　　) son record.

B Tu sais comment (　　　) des blancs en neige ?

正解はbattreです。**A**では「(記録を) 破る、更新する」、**B**では「かきまぜる」という意味で用いられています。文意はそれぞれ、「自分の記録を更新するためにチャンピオンは超人的な努力をした」、「どうやって卵白を泡立てるか知ってる？」となります。**A**の意味のほうがなじみがあるでしょうから、こちらから動詞をしぼり込むと正解がみちびきやすいでしょう。おもな誤答としては、*faire*、*gagner*があげられます。

得点率は24%でした。

(**3**) **A** Le ministère du Travail a diffusé une (　　　) ce matin.

B L'(　　　) primaire doit être obligatoire et gratuite.

正解はinstructionです。**A**では「指示、通達」、**B**では「教育」という意味で用いられています。文意はそれぞれ、「労働省はけさ、通達を発出した」、「初等教育は義務かつ無償でなければならない」となります。**B**の意味は1級レベルの受験者であれば知っているでしょうが、**A**については辞書の定義にくまなく目を通していないとむずかしかったかもしれません。ちなみに**A**の文の「労働省」の正式名称はMinistère du Travail, de l'Emploi et de l'Insertion「労働・雇用・社会復帰省」です。比較的文意をくみやすい**B**の文をもとに問題を解こうとした受験者が多かったようで、*école*と記した答案が3割強認められたほか、*éducation*とした答案もかなりありました。

得点率は1%でした。

(**4**) **A** Le serpent (　　　) la souris d'un coup.

B Malgré sa fortune, l'ambition le (　　　) encore aujourd'hui.

正解は dévore です。動詞 dévorer は猛烈な勢いで対象を捕食する行為を表わし、**A** では「むさぼり食う」という直接的な意味で、**B** では比喩的に「(感情が人を) 責めさいなむ」という意味で用いられています。文意はそれぞれ、「へびがねずみを一息にたいらげる」、「財を成していながら、彼は今日でもまだ野望に身をさいなまれている」となります。なお、dévorer の時制ですが、**B** の encore aujourd'hui「今日でもなお」という表現から、直説法現在にすべきであることがわかります。へびが獲物を「飲み込む」ということで *avale* とした誤答もありましたが、その場合、**B** は補語人称代名詞 le とエリジオンして *l'avale* となりますのでこの問題の解答としては成立しません。

得点率は 6%でした。

問題2全体の得点率は 9%でした。

解答　(1) massif　(2) battre　(3) instruction　(4) dévore

3

解説　(　　) 内に適当な前置詞を入れて文を完成させる問題です。前置詞の用法に関しては、前後の文脈や文意からは推測できないものも多く、成句的な表現についての正確な知識が欠かせません。日ごろから、前置詞をともなう表現に意識的な視線を向けておくことが必要です。

(1) Dans un établissement religieux, une tenue correcte est (　　　) rigueur.
「宗教施設においては、ふさわしい服装を着用せねばならない」

de が正解です。être de rigueur で、「(習慣や規則によって) 義務として課せられている」という意味になります。設問文のように名詞を主語にする用例のほか、非人称主語を用いて il est de rigueur de + *inf.*「～することが義務づけられている、必ず～しなければならない」といった用例もあります。ちなみに、名詞 rigueur は、前置詞 à と定冠詞をともなう à la rigueur という表現になると「最大限譲歩して、やむをえない場合は」という意味になります。

得点率は 19%でした。

(2) La pomme de terre nouvelle doit être consommée dans les deux ou trois jours (　　　) peine de se ramollir.「新じゃがは2、3日以内に食べなければならない。さもなければ柔らかくなってしまう」

sousが正解です。sous peine de + *inf.* で「～することを避けるために」という意味になります。一方、sous peine de + *qc* のように、deのあとに名詞がつづく場合は、「(違反すれば) ～の刑に処するものとして」という意味になります。また、sous peine que「～しないように」という表現は、従属節で接続法を要求することも覚えておきましょう。ちなみにこの表現を用いると、設問文はVous devez consommer la pomme de terre nouvelle dans les deux ou trois jours sous peine qu'elle se ramollisse.と書きかえられます。

得点率は41%でした。

(3) Nous en sommes (　　　) nos frais.「私たちの骨折り損ということだ」

この文ではen être pour ses frais「むだ金を使う、むだ骨を折る」という意味の成句表現が用いられており、pourが正解です。同様の意味でほぼ同形の成句にen être pour sa peineがあります。名詞frais「費用」を用いる場合は複数名詞、名詞peine「苦労」を用いる場合は単数名詞になりますので注意しましょう。名詞fraisには具体的な金銭上の「費用」という意味のほかに「苦労、骨折り」という比喩的な意味もあり、à grands fraisなら「大変苦労して」、arrêter les fraisなら「むだな骨折りをやめる」という意味になります。

得点率は11%でした。

(4) (　　　) tout le respect que je vous dois, je ne peux accepter une telle idée.「大変失礼ながら、そのような考えはお認めできません」

この文では、avec le respect que je vous dois「失礼ですが」という意味の成句表現が用いられており、avecが正解です (toutはここでは強調の意味)。相手の気分を害する可能性がある発言をする際に、会話のクッションとして、le respect que je vous dois「私があなたに払うべき敬意」を自分はしっかりともっている、と前もって相手に伝えておくための表現です。この成句表現はavecのかわりにsaufを用いることも多く、もっと短くsauf votre respectとだけ表現されることもあります。この表現には、古いフランス語で前置詞sauf に「～を損なわずに」という意味があったことのなごりが認められます。現代のフランス語でも、Votre honneur reste sauf.「あなたの名誉は損なわれていない」という表現に見られるように、sauf には形容詞として「損なわれていない、無傷である」という意味があります。自分の発言は気にさわるかもしれないが、そのことであなたの尊厳を傷つける意図はない、ということを伝えるための表現です。

得点率は48%でした。

問題3全体の得点率は30%でした。

解答 (1) ③　(2) ⑦　(3) ⑥　(4) ①

4 **解説** 時事用語、常用語についての知識を問う問題です。出題の範囲は政治、経済、社会、法律、医療、情報科学など多岐にわたり、当然ながら、日本語から容易に推測できるケースは多くありません。さまざまな話題を扱った文章を幅ひろく読み、目を引いた用語についてはそのつど日本語との対応を確認しておくとよいでしょう。

(1) 「クラウドファンディング crowdfunding」とは不特定多数（crowd「群衆」）から出資（funding「資金調達」）を募るという意味の英語の造語で、フランス語では le financement (participatif) といいます。直訳すれば「参加型資金調達」となりますが、インターネット上で提案されるプロジェクトに共感した人々が共同で出資をするというシステムはまさに「参加型」と言えます。「クラウド」の由来を英語の cloud「雲」と勘ちがいしたと思われる、*nuage*、*nuageux* という誤答が多く見られました。得点率は2%でした。

(2) 「仔牛のクリーム煮」は la (blanquette) de veau といいます。blanquette は色の名詞 blanc「白」と接尾辞 -ette「小さな、ちょっとした」からできた単語で、その名のとおり白身の肉（フランスでは肉は赤、白、黒の3種類に分けられ、まだ乳しか飲んだことのない仔牛の肉は白身肉に分類されます）を白いソースで仕上げる白づくしの煮込み料理です。フランス伝統の家庭料理のひとつで、最近では日本のレストランやレシピ・サイトで「ブランケット」のカタカナ表記も日常的に見られるようになりました。同様の料理に fricassée もあります。ブランケットが肉を最初から煮込むのに対して、こちらは一度肉を炒めてから煮込みます。「クリーム煮」ということから *crème* という誤答がめだちました。得点率は8％でした。

(3) 「背任」はl'(abus) de confianceといい、委託された業務を遂行するために貸与された金品や情報などを、本来の業務以外の用途に流用することを指します。背任はl'abus d'autorité「職権濫用」、l'abus de pouvoir「越権行為」、l'abus de biens sociaux「横領」などと同様、刑法上の用語です。abus de「～の濫用」という表現は日常のフランス語でも使用され、l'abus de tabac「タバコの吸いすぎ」、l'abus d'alcool「アルコールの飲みすぎ」などの表現は一般的です。得点率は9％でした。

(4) 新型コロナウイルスの世界的感染拡大にともない、手指消毒用アルコールや不織布マスク、ソーシャルディスタンスなど、これまでなじみのなかった新しい用語が登場しました。そのなかのひとつである「フェイスシールド」は薄い透明なプラスチック板を湾曲させて顔の前面を覆う一種のお面ですが、フランス語ではun (écran) facialといいます。誤答としては、*masque* が最も多く、また「シールド」ということばからの連想から *bouclier* という誤答も少なくありませんでした。得点率は1％でした。

(5) 「棒高跳び」はle saut à la (perche)といいます。棒高跳びで競技者が使用する細長い棒をフランス語ではpercheといい、この場合の前置詞のàは手段を表わしています。同様の構成のスポーツ関連の名称としてle saut à la corde「なわ跳び」、le saut à l'élastique「バンジージャンプ」、le saut à ski「スキージャンプ」があります。誤答としてもっとも多かったものが *hauteur* です。le saut en hauteurであれば「走り高跳び」という競技名になります。また「棒」からの連想で *barre* とした答案も多く見られましたが、これは高跳び競技においては競技者がクリアすべき「バー」を表わすフランス語です。得点率は3％でした。

問題4全体の得点率は5％でした。

解答 (1) participatif　(2) blanquette　(3) abus　(4) écran
(5) perche

5 **解説** 長文を読み、話の展開を追いながら、空欄部分に該当する動詞を適切な形にしておぎなう問題です。解答には、動詞の法・時制に関する正確な知識のほか、過去分詞の一致など、語形にも細心の注意が求められます。

問題文は、レストランの店主と客との間で口論が起きた話です。前半ではきっかけとなる口論から傷害事件へと発展するてんまつが、後半では事件後のふたりの状況が述べられています。以下、設問に対応する箇所を引用しながら見ていくことにしましょう。

(1) L'instant d'avant, le client, mécontent de la qualité de l'entrecôte qu'on lui avait servie, (　1　) de régler l'addition.

出題の文章は、地元紙の記事の紹介から始まります。5月25日の日曜日、ドルドーニュ県のペリグーにあるレストランで、店主と旅行客との間に突然口論が起こったというのです。つづく空欄（　1　）をふくむ文では、口論のきっかけが説明されています。この文の主語である le client の直後の形容詞句では、彼が店で出された料理のクオリティに不満を抱いていることが示されます。この前提と空欄（　1　）の直後の de régler l'addition「勘定の支払いをすること」という表現とをふまえてつづく文を読むと、« Je ne paye pas pour cette merde ! »「こんなひどいものに金は払わない！」という le client の発言があります。したがって、空欄（　1　）に入るのは refuser「拒否する」だということがわかります。問題は時制ですが、冒頭の文では le ton est soudain monté「突然口論が起きた」と直説法複合過去が用いられており、空欄（　1　）をふくむ文は、L'instant avant「少し前に」と始まっていますので、過去のある時点（ここでは口論が始まった時点）ですでに完了していることを表わす直説法大過去が適切です。正解は (avait refusé) となります。なお、地元紙にもとづく伝聞情報なので、le client の発言を説明する表記 aurait-il lancé「彼はそう言ったとのことだ」にならって (aurait refusé) と条件法過去にすることも可能です。実際の試験では、*a refusé* と直説法複合過去を記した答案が6割以上確認されました。得点率は23%でした。

(2) (　2　) par ces propos, le patron de l'établissement s'en est alors pris à lui.

つづく文では、料理をけなされ、支払いを拒否されたレストランの店主 (le patron) が主語になっています。空欄（ 2 ）をふくむ箇所は、形容詞句として主語を修飾する分詞構文となっています。par ces propos「それらの発言によって」は直前の客のせりふを指します。前置詞 par は受動態における動作主を表わしますので、そのせりふが店主になんらかの影響をおよぼしたことが語られていることが想定され、空欄（ 2 ）には他動詞の過去分詞が入ることがわかります。さらに、主節の alors「そこで」という因果関係を表わす副詞に注目すれば、空欄（ 2 ）をふくむ文は「それらの発言で（ 2 ）ので、店の主人は彼に文句を言った」と訳せます。以上の前提で、店主が客をとがめる原因となりそうな動詞を語群からさがすと、énerver「～をいらだたせる」の過去分詞 (Énervé) が正解とわかります。9割がたの受験者が énerver を選んだものの、適切な形にする段階でつまずいたようで、誤答としては *Ayant été énervé*、*Énervant* などが認められました。得点率は43％でした。

(3) Déféré au parquet de Périgueux mardi 27 mai, le restaurateur (3) devant le tribunal correctionnel en novembre prochain pour violences volontaires ayant entraîné une interruption totale de travail supérieure à huit jours.

第1段落末尾で、店主が客の顔に飛びかかり、左耳の一部をひきちぎってしまったと語られたあと、第2段落では事件の加害者であるレストランの店主が事件後にどのような処分を受けたのかが説明されます。空欄（ 3 ）をふくむ文は長いので、少しずつ確認しましょう。動詞 déférer「(事件を) 付託する、(被告を) 召喚する」の過去分詞を用いた文頭の分詞構文は、形容詞句として主節の主語 le restaurateur を修飾し、店主が5月27日火曜日にペリグー検察に送検されたという付帯状況を伝えています。また、le tribunal correctionnel は「軽罪裁判所」ですので、空欄（ 3 ）に入る動詞としては comparaître「出頭する、出廷する」が適切です。さらに、en novembre prochain「今度の11月に」という副詞句に注目すれば、店主が裁判所に出頭するのは未来の出来事であり、動詞は直説法単純未来に活用させるべきであることがわかります。正解は (comparaîtra / comparaitra) です。なお、この文の主節の訳は、「店主が故意に暴力をふるったために――その結果、レストランは1週間以上の完全営業停止となった――、店主は11月に軽罪裁判所に出頭予定である」となります。難問だったようで、半数ほどの受験者が *se voir* を選んでいました。その結果、この代名動詞を *s'est vu*、*se verra*、*se voyait*、*se verrait* とさまざまな法と時制に活用させた誤答が見うけられました。得点率は8%でした。

(4) (4) au moment de l'altercation, il avait plus de trois grammes d'alcool dans le sang.

前の文の直後に店主がすでに事実関係を認めていることが述べられ、空欄(4)をふくむ文ではその「事実関係」の具体的な記述がなされます。文の主節を訳すと「彼の血中には3グラム以上のアルコールがふくまれていました」となります。フランスでは血中アルコール濃度を血液1リットルあたりにふくまれるアルコールのグラム数で表現するのが一般的です。0.5グラム以上から車の運転が禁止されていますので、3グラムは相当な量であり、店主は泥酔に近い状態にあったことが予想されます。したがって、空欄(4)には boire「酒を飲む」が入り、酩酊状態の原因が説明されることが予想されます。ただし、「店主が飲酒した」という出来事は、「店主の血中アルコール値が3グラムを上まわっていた」という過去のある時点での状態に先だって完了しているものです。したがって、boire は現在分詞の複合形にする必要がありますので、正解は (Ayant bu) となり、空欄をふくむ箇所は「口論の時点ですでに相当量の酒を飲んでいたため」と訳せます。*Buvant*、*En buvant* という誤答がありましたが、これでは血中アルコール濃度が3グラムを超えた状態にあるときに、同時進行で店主が飲酒していたことになり、不適切です。得点率は28%でした。

(5) De son côté, le touriste (5) prescrire dix jours d'arrêt de travail, et il a écourté son séjour en Dordogne pour rentrer chez lui.

第3段落では被害者である旅行客の事件後の状況が1文で説明されています。ここで注目したいのが、prescrire dix jours d'arrêt de travail「10日間の休職を指示する」という一節です。prescrire、すなわち「薬を処方する、治療法を勧める」主体としてまず想像されるのは医者でしょうが、この文では le touriste が主語となっています。したがって、空欄(5)には、受け身を表わす構文を作る動詞が入ります。語群のなかでは se voir がその機能をもち、se voir + *inf.* + *qc*「～を～される」という意味になります。またこの文では、文の後半（et 以下）で直説法複合過去 (a écourté) が用いられていることをふまえると、継起した過去の出来事が順に語られていると予測がつきます。したがって、se voir も直説法複合過去に活用させ、(s'est vu) が正解となります。なお、代名動詞の複合過去は、再帰代名詞が直接目的補語の場合には、過去分詞を主語と性数一致させる必要がありますが、この問題の場合、再帰代名詞は間接目的補語ですので過去分詞の性数一致は不要です。おもな誤答としては、*s'est dit*、*a continué*、*a vécu* があげられます。得点率は27%でした。

問題5全体の得点率は26%でした。

解答 (1) avait refusé (2) Énervé (3) comparaîtra / comparaitra
(4) Ayant bu (5) s'est vu

6

解説 長文を読み、空欄に対応する文の一部を選択肢から選んで文を完成させる問題です。

この問題では、単に文が成立するという意味では、空欄に対応する選択肢は1つとはかぎりません。正解にいたるには、文章全体の論理構成や前後の文脈に目を配る必要があります。

今回出題された文章では、グリーンランドの氷帽溶融の観測手段や溶融の仕組みの解説、氷帽溶融が加速度的に進んでいるという報告がなされたうえで、地球温暖化の深刻さが指摘されています。

(1) Une étude récemment publiée dans la revue *Science* montre que la disparition définitive de la calotte glaciaire du Groenland est probable, même si les émissions de gaz à effet de serre (1).

第1段落では、le réchauffement climatique「地球温暖化」と la fonte des glaces「氷の溶融」の因果関係が何年も前から指摘されていると述べられたあとで、*Science* 誌に最近発表されたある研究が紹介されます。それによれば、グリーンランドの la calotte glaciaire「氷帽」が完全に消失してしまうかもしれないというのです（グリーンランドをおおう氷全体を表わす単語は l'inlandsis「氷床」ですが、氷の局地的な溶融など、氷床の一部分について語る際には la calotte glaciaire という単語を使用するのが一般的です）。空欄は氷帽消失の可能性に関する文にそえられた譲歩節の一部で、même si les émissions de gaz à effet de serre (1)「たとえ温室効果ガスの排出が（ 1 ）としても」グリーンランドの氷はあとかたもなく消え去ってしまうおそれがある、という構成になっています。したがって、空欄部分には氷帽が溶ける条件からもっとも遠い内容が入ります。正解は② disparaissaient dès aujourd'hui「今日にでも消えてなくなる」です。ありえない仮定ですが、地球温暖化の原因とされる温室効果ガスの排出が今日この瞬間にゼロになったとしても、これまで蓄積されてきた要因によりグリーンランドの氷は消え去ってしまうおそれがある、というのです。得点率は 60%でした。

(2) « On peut aller observer les glaciers sur place, mais les satellites sont de formidables outils ; ils (2) »

第 2 段落ではグリーンランドの氷帽溶融の観測方法が述べられます。研究チームの科学者たちは trois décennies de données satellitaires「30 年分の人工衛星データ」にもとづいて、この territoire arctique「北極圏の領土」、つまりグリーンランドの変化の分析をおこないました。空欄は、雪氷学者でジュネーヴ環境地球科学研究センター主任研究員の Stéphane Borel 氏の発言の引用内にあります。空欄の直前で同氏は「氷河を現地観測しにいくことは可能だが、人工衛星は素晴らしいツールなのだ」と述べており、かつ point-virgule のあとの主語人称代名詞 ils は les satellites を指しますので、人工衛星で観測をおこなうメリットが述べられている⑥ permettent de réduire les erreurs d'observation「（人工衛星は）観測上の誤差を減少させてくれるのである」が正解となります。得点率は 86%でした。

(3) C'est-à-dire que la fonte causée par le soleil, le contact avec l'eau, et le détachement des bouts de glace de la calotte (3).

第 3 段落では、氷帽溶融が生じる仕組みについて説明がなされたあと、氷が溶けるペースが近年になって加速していることが述べられます。段落冒頭の文を読んでみましょう。Jusqu'en 2000 environ, la perte de masse du glacier groenlandais était « normale ».「2000 年ごろまではグリーンランドの氷塊の消失は『正常』だった」。空欄をふくむ文は、C'est-à-dire que「というのはつまり」で始まりますので、冒頭の文をくわしく説明する内容となるはずです。空欄の直前には la fonte causée par le soleil, le contact avec l'eau, et le détachement des bouts de glace de la calotte「日光および水との接触によって引き起こされた溶融、そして氷帽末端部の氷の分離」という2つの名詞句がならび、これらを主語として適切な内容となる選択肢をさがします。正解は③ étaient à peu près responsables à parts égales de la disparition de la glace「(溶融と分離は) ひとしく氷の消失のおおよその原因となっていた」です。ちなみに、à parts égales「ひとしく」とは、分割されたものの割合がひとしいことを表わす表現で、たとえばL'équipe est composée, à parts égales, d'hommes et de femmes.「チームは同人数の男女から構成されている」のように使用されます。得点率は46%でした。

(4) Le glacier a reculé si rapidement que les chutes de neige, qui (4) après une fonte naturelle accrue en période estivale, ne peuvent plus suivre le rythme de fonte des parties nouvellement exposées à l'eau de mer, de plus en plus chaude, ou à la température ambiante.

つづく文では、2000年以降、氷帽の局地的な縮小が加速しているという科学者たちの指摘が示され、その直後に空欄をふくむ文が登場します。長い文ですが、関係節をいったんわきに置き、その骨格だけを抜き出せば、Le glacier a reculé si rapidement que les chutes de neige [...] ne peuvent plus suivre le rythme de fonte des parties nouvellement exposées à l'eau de mer, de plus en plus chaude, ou à la température ambiante.「氷河があまりに早く後退してしまったので、ますます温かくなる海水、あるいは周囲の気温に新たにさらされる部分の溶融のリズムに降雪がもはや追いつけなくなっている」という構成になっています。空欄は、従属節の主語les chutes de neige「降雪」を先行詞とする関係節にふくまれます。また、この関係節内には、空欄の直後にaprès une fonte naturelle accrue en période estivale「夏の期間中に増加する自然溶融のあとで」という副詞句があります。降雪は夏季の氷帽の溶融のあとに「何か」をおこなっていたが、もはや溶融のリズムについていけなくなっている、というのがque以下の従属節の伝えようとする主たる情報であり、選択肢は、降雪がこれまでおこなっていた「何か」を説明する箇所にあたります。したがって、正解は⑤ participaient jusqu'ici à reconstruire la surface glaciaire「(降雪は) これまで、氷河の表層部の復元に寄与してきた」となります。得点率は57%でした。

(5) Les résultats de cette étude (　5　).

第 4 段落冒頭に空欄をふくむ文が置かれていますが、適切な選択肢を選ぶには、この文につづく Stéphane Borel 氏の発言に目を向けましょう。ここで同氏は次のように警告を発しています。Quand bien même le point de non-retour serait atteint, il faut limiter l'accélération.「たとえポイント・オブ・ノー・リターンに達しているのだとしても、加速に制限をかけなければならない」。le point de non-retour は、それ以上進むともう後もどりできなくなる引き返し不能点を指します。さらに Borel 氏は、Plus le réchauffement s'accentuera, plus la fonte sera rapide「温暖化が加速すればするほど、溶解の速度は早まるだろう」とも述べています。つまり、「加速に制限をかける」ためには、地球温暖化問題の解決が必須だというのですから、空欄に入れるのにもっとも適切な選択肢は、⑧ rappellent surtout la nécessité de freiner le changement climatique「（この研究結果は）とりわけ気候変動を抑制する必要性を改めて伝えている」となります。得点率は 89%でした。

問題 6 全体の得点率は 68%でした。

解答　(1) ②　(2) ⑥　(3) ③　(4) ⑤　(5) ⑧

7

解説　長文を読み、設問として示されている短文の内容が本文の内容と一致するかどうかを判断する問題です。あらかじめ設問文に目を通しておくと、本文の理解の助けとなるでしょう。

問題文は、先史時代のミミズクと、その進化について解説した文章です。

(1) Anatole Dandrey suppose que la disparition de *Primoptynx poliotaurus* est due à la prolifération des mammifères.「Anatole Dandrey は *Primoptynx poliotarus* が消滅したのは哺乳類が増殖したためだと考えている」

本文第 3 段落には、D'après Anatole Dandrey, l'extinction de ces hiboux préhistoriques peut avoir été liée à une concurrence avec les oiseaux de proie diurnes Accipitridés [...]「Anatole Dandrey によると、これらの先史時代のミミズク（= *Primoptynx poliotaurus*）が絶滅したのは、タカ科の昼行性の猛禽と競合したことと関連していた可能性があるとされる」とあります。したがって、設問文は本文の内容と一致しません。

(**2**) C'est une équipe canadienne qui a découvert la technique de chasse de *Primoptynx poliotaurus*.「*Primoptynx poliotaurus* の狩りの技術を発見したのはカナダのチームである」

本文第 1 段落には、Aujourd'hui, les hiboux tuent à l'aide de leur bec. Mais il y a 55 millions d'années, ils utilisaient leurs pattes et leurs serres comme le font actuellement les aigles, révèle une étude internationale publiée dans le dernier numéro de la *Revue canadienne de paléontologie*.「今日、ミミズクはくちばしで（獲物を）殺す。しかし、5500 万年前、それは今日ワシがそうするように、脚とつめを使っていたことが、*Revue canadienne de paléontologie* 最新号に発表された国際研究によって明らかにされている」とありますから、設問文は本文の内容と一致しません。une équipe canadienne「カナダの研究」という一節が本文の une étude internationale「国際研究」と対応していないことに気づけるかどうかが正答をみちびく鍵となっています。こうした細部にも心を配るようにしましょう。

(**3**) De nos jours, les hiboux attrapent des proies assez petites.「今日では、ミミズクのとらえる獲物はかなり小さい」

本文第 2 段落の Anatole Dandrey の発言には、Nos hiboux ont quatre doigts avec des griffes de même taille pour attraper des proies relativement petites, et les tuer avec le bec.「今日のミミズクにはつめのある同じ長さの指が 4 本あり、比較的小さな獲物をとらえ、くちばしで殺す」とあります。したがって、設問文は本文の内容と一致します。

(**4**) La taille de *Primoptynx poliotaurus* fascine les chercheurs.「研究者たちは、*Primoptynx poliotaurus* の体長に強い関心をいだいている」

本文第 2 段落第 5、6 文には、L'animal mesurait environ 50 centimètres. Si sa taille n'est pas fondamentalement impressionnante, une autre partie de son anatomie a intrigué les chercheurs.「その動物（= *Primoptynx poliotaurus*）の体長はおよそ 50cm だった。その体長は基本的には驚くようなものではないが、研究者たちは体の構造の別の部分に興味をもった」とありますので、設問文は本文の内容と一致しません。

(**5**) Les hiboux et les aigles utilisent aujourd'hui leurs pattes et leurs serres de la même façon.「今日、ミミズクとワシは脚やつめを同じように使っている」

(2)でふれたとおり、本文第 1 段落には、現在のワシと同じように脚とつめを使っていたのは 5500 万年前のミミズクだということですので、設問文と本文の内容は一致しません。

(6) Les hiboux ont changé de technique de chasse au cours des millénaires.「ミミズクは何千年もの間に狩りの技術を変えた」

本文第 3 段落には、[…] une concurrence avec les oiseaux de proie diurnes Accipitridés […] aurait conduit les hiboux à changer de technique de chasse au cours de leur évolution.「タカ科の昼行性の猛禽と競合したために、ミミズクは進化の過程で狩りの技術を変えることになったようだ」とありますので、設問文は本文の内容と一致しています。

得点率は(1) 85%、(2) 59%、(3) 79%、(4) 75%、(5) 86%、(6) 87%、問題7全体では 79%でした。

解答 (1) ② (2) ② (3) ① (4) ② (5) ② (6) ①

8 **解説** 長文を読み、その内容を設問にしたがって日本語で要約する問題です。解答の際は、単に文章の一部を訳すのではなく、全体の論旨を整理したうえで、キーワードをおさえながら、指定された字数内で簡潔な日本語にまとめなければなりません。

今回は、学校における金融教育導入の試みについて取り上げた文章です。

(1)「Richard Sandrier 氏によると、生徒たちは就学中にどうすることが大切だとされていますか」

本文第 1 段落では、まずフランス銀行が一部の中学生を対象に金融教育をおこなう試みを実験的におこなっていることが紹介されます。生徒たちは所定の 2 時間の授業を受け、そのあとアンケートに答えると「金融教育パスポート」という免状をあたえられるというのです。つづく第 2 段落では、フランス銀行金融教育部長 Richard Sandrier 氏の発言が引用され、2019 年にパレゾーの 2 つの中学校でおこなわれた実験が 2020 年には 5 つの都市に拡大されたこと、さらに同氏がこの試みを全国にひろげるかどうか決定する必要があると考えていることが明かされます。正答をみちびくうえで鍵となるのが、Richard Sandrier 氏の発言とされる2つ目の引用です。解答にあたっては、1. Il est essentiel que les jeunes soient sensibilisés aux questions budgétaires au moins une fois dans leur scolarité「若者たちに就学中に少なくとも1度は予算問題に関心をもたせることが重要だ」、2. quels que soient la façon dont on parle d'argent dans leur famille ou le niveau de revenus de leurs parents「家庭でお金がどのように話題にされていようと、また両親の収入水準がどのようであろうと」という2つのポイントがともに盛り込まれなくてはなりません。とくに2つ目のポイントについては文意を的確にとらえたうえで、自分のことばで簡潔にまとめられるかどうかがためされます。得点率は48%でした。

(2)「筆者によると、学校における金融教育の必要性は、金銭をめぐるどのような状況から生じているとされていますか」

おさえるべき文は、第2段落 Richard Sandrier 氏の発言とされる2つ目の引用の直後の Ces enseignements sont d'autant plus importants que la dématérialisation des moyens de paiement peut entraîner des problèmes, et qu'on peut désormais souscrire des produits financiers sans même franchir la porte d'un établissement bancaire.「こうした教育（＝金融教育）は、支払い手段のキャッシュレス化によって問題が起こる可能性があり、さらにいまや銀行の敷居をまたがなくても金融商品を契約できるだけにいっそう重要だ」という文です。ここでも1.「キャッシュレス化」、2.「銀行商品契約の簡略化」という2つのポイントをおさえる必要がありますが、「銀行に行かなくてもよい」＝「（手続きの）簡略化」と要約するのはかなりむずかしいところかもしれません。得点率は36%でした。

(3)「Richard Sandrier 氏は、学校における金融教育に対する関心が低いのはどのような理由によると考えていますか」

第3段落では、学校における金融教育の提唱は、2016年に大蔵省が打ち出し、フランス銀行の指導でおこなわれている「金融教育国家戦略」の枠組みのなかでなされており、2017年末にウェブにアップされた小中学校の教員向けの教材のダウンロード数はふえつつあるものの、この教材が知名度を獲得するにはまだ多くの課題が残されていると語られます。そしてつづく第4段落のRichard Sandrier氏の発言に、「学校における金融教育に対する関心の低さ」の理由が示されています。この設問でも、1. Le projet traite de sujets qui ne sont pas dans les programmes, déjà très chargés.「この計画（＝金融教育計画）はすでに過密なプログラムに入っていない主題を扱っている」、2. Il y a aussi une forte réticence de certains enseignants à évoquer ces questions「こうした問題（＝金融問題）にふれることに対する一部の教員の強いためらいもある」という2点をおさえて、簡潔にまとめなくてはいけません。得点率は56%でした。

問題8全体の得点率は47%でした。

解答例
(1) 家庭環境にかかわらず、予算、金融問題に関心を持つこと。(27字)
(2) キャッシュレス化と銀行商品契約の簡略化。(20字)
(3) すでに過密なカリキュラム上になく、教師が扱うのをためらう主題だから。(34字)

9

解説 和文仏訳の問題です。日本語の文章の内容をよく吟味したうえで、文意をそこなわないように留意しながら、フランス語として自然な文を組み立てます。逐語訳を避けつつ、なるべく平易で簡潔な文を作るように心がけるとよいでしょう。

今回の出題は、あるSF小説を読んだときの印象を語った文章です。

第1文：きのう読んだSF小説はあまりに馬鹿馬鹿しくて、途中で読むのをやめてしまった。

訳例：Le roman de science-fiction que je lisais hier était tellement inepte que j'en ai abandonné la lecture en cours de route.

「SF」はscience-fictionのかわりにシンプルにS. F. / SFとしてもかまいません。実際の試験では、「SF」を *fiction scientifique* あるいは *roman scientifique* とした答案がかなりありましたが、これは不可です。また「小説」romanを *romain*（「古代ローマ帝国の、ローマの」という意味）とつづった答案が散見されましたが、基本単語のつづりミスによる失点は避けたいところです。「あまりに〜なので〜だ」tellement ... que ... の tellement は à ce point / si とすることもできます。「馬鹿馬鹿しい」は inepte 以外にも、absurde / idiot / stupide / aberrant / loufoque / saugrenu といった形容詞を用いることが可能です。「読むのをやめてしまった」という一節については、訳例にある j'en ai abandonné la lecture の abandonné を arrêté / cessé / laissé tomber / stoppé としてもよいでしょう。また、j'en ai abandonné la lecture のかわりに j'ai arrêté de le lire とすることもできます（この場合の補語人称代名詞 le は le roman de science-fiction を指します）。最後に、「途中で」は en cours de route のほかに en chemin / au milieu / avant la fin としてもかまいません。

第2文：どうやったらこんなことを思いつくのだろう。

訳例：Comment peut-on imaginer de pareilles absurdités ?

「どうやったら〜思いつくのだろう」は Comment peut-on imaginer のかわりに Comment est-ce possible d'imaginer とすることもできるでしょう。また、動詞 imaginer 以外にも concevoir / inventer を用いてもかまいません。「こんなこと」は訳例では、前後の文脈から「こんな馬鹿げたこと」という意味にとって de pareilles absurdités（sornettes / idioties / stupidités / aberrations / âneries も可）としましたが、字義どおりに de pareilles choses / des choses pareilles とすることもできるでしょう。ちなみに「こんな」については de pareilles のかわりに de telles / ce genre de / ce type de といった表現を用いることも可能です。

第3文：できることなら作者の頭の中をのぞいてみたいものだ。

訳例：J'aimerais bien voir ce qu'il y a dans la tête de l'auteur(e).

「できることなら」と現在の事実と反する状況を想定していることは、動詞 aimer の条件法現在を用いた J'aimerais bien という一節だけでも十分に伝わりますが、Si c'était possible という条件節をくわえてもよいでしょう。「頭の中をのぞいてみたい」voir ce qu'il y a dans la tête については、jeter un coup d'œil dans la tête と表わすこともできますが、*voir l'intérieur de la tête* とすることはできません。*l'intérieur de la tête* では「頭の中で考えている内容」を指すことができないためです（ちなみに、*l'intérieur* のかわりに *le contenu* とした答案もかなりありましたが、これも不可です）。「作者」は

l'auteur(e) 以外にも、l'écrivain(e) / le romancier / la romancière といった表現を用いてもよいでしょう。

第 4 文 : 案外、ふつうの人と変わらないのかもしれない。

訳例 : Contrairement à ce qu'on pourrait penser, ce n'est peut-être pas si différent de ce qu'on trouve dans celle de tout un chacun.

「案外」は訳例にある Contrairement à ce qu'on pourrait penser（imaginer / croire も可）のほか、Paradoxalement / Contre toute attente といった表現で表わすことができます。「変わらないのかもしれない」ce n'est peut-être pas si différent の différent は、loin / éloigné / distant といった形容詞をもって置きかえることも可能です。「ふつうの人の（頭）」(celle) de tout un chacun については、(celle) de tout le monde / des gens ordinaires / des gens comme vous et moi / de Monsieur Tout-le-monde / de Monsieur ou Madame Tout-le-monde / du lecteur lambda / de n'importe qui とすることもできます。実際の試験で多く見られたのは字義どおりの訳にあたる des gens ordinaires ですが、ここに示したようにほかにもさまざまな表現が可能です。多様な言いかえ表現を覚えることは豊かな表現力の獲得につながります。

得点率は 22%でした。

解答例 Le roman de science-fiction que je lisais hier était tellement inepte que j'en ai abandonné la lecture en cours de route. Comment peut-on imaginer de pareilles absurdités ? J'aimerais bien voir ce qu'il y a dans la tête de l'auteur(e). Contrairement à ce qu'on pourrait penser, ce n'est peut-être pas si différent de ce qu'on trouve dans celle de tout un chacun.

書き取り・聞き取り試験

解説・解答

書き取り試験

解説 書き取り試験では、聞き取った音を正確につづるだけではなく、形容詞や過去分詞の性数一致など、音としては現れない要素にも留意し、文法的に破綻のない文を組み立てる「統辞レベル」での配慮が不可欠です。アクサンの向きをふくめ、明確に判読できない場合、point の指示のあと、文の冒頭が大文字で書き始められていない場合、また逆に virgule の指示のあと、文の途中であるのに大文字で書き始められている場合（固有名など大文字で始める必要がある場合はのぞく）は誤答と見なされます。

なお、フランスでは近年つづり字法の改革が進み、新たな規則では、たとえば意味上の区別にかかわらない場合、i や u の上のアクサン・シルコンフレクスは省略されるのが原則です（aîné → ainé、dûment → dument など）。仏検では、出題・解答例とも従来のつづり字を採用していますが、書き取りをはじめとする記述式の試験では、解答に際し、新旧どちらの表記を用いてもかまいません。

今回の出題は、ある店に強盗に入った 3 人の男たちの 1 人が、逃走中に外出禁止令下に携行を求められる外出許可証を落としたために住所が判明し、逮捕されたという話です。

❶ つづりおよび聴取レベル

今回は、聞き取った音を適切な単語や表現にむすびつけ、正しくつづるというレベルでつまずいたと思われる事例が数多く見うけられました。まず、第 1 文の une ruse「策略」については、この語を知らない受験者が少なくなかったのか、*une* と不定冠詞のみ記した答案がかなりあったほか、*une rousse*、*une rue* と別の女性名詞を記した答案、*une russe* あるいは *en russe* とした答案（ちなみに「ロシア語」という意味の russe は男性名詞）、*en* だけ記した答案など多様な誤答が確認され、苦戦のあとが見えました。

1 級レベルの受験者であれば知っているであろう単語、表現であっても、音節の短い語が連続する場合、正確に聞き取るのは容易ではないようです。第3文の pris la fuite については、*fuit* あるいは *la fuite*（定冠詞なしの *fuite* もあり）とのみ記した答案、*pris la fuit* と fuite の e を書き忘れた答案、*prit la fuite* と過去分詞 pris のつづりをあやまった答案などが認められました。無回答の答案もかなりありました。同じ第3文の a surpris についても *surpris* とのみ記した答案、*a pris* とした答案、*a* のみ記した答案などがあったほか、無回答の答案も2割ほど見うけられました。

第4文の sa course effrénée「すさまじい逃走」という一節は、本問題でもっともできが悪かった箇所ですが、これは多くの受験者が effréné という形容詞になじみがなかったことが大きな要因となっているようです。*sa course freiné(e)*、*sa course est freinée*（統辞的にもおかしい）、*sa course frênée* などさまざまな誤答が見うけられました。また同じ第4文の副詞 maladroitement「不器用にも」についても、*maldroitement* といったおしいつづりミスが多数認められたほか、*maladroit(e)* と形容詞を記した答案、maladroitement が1つの単語であると認識できずに *mal à droitement*、*mal à droite* とした答案などがありました。

つづく第5文の mentionnait については、発音と対応する語を見抜くのがむずかしかったのか、無回答の答案が3割ほど確認されました。それ以外には *mentionait* といったつづりミスのほか、*mentionné(e)*、*mentioné*、*mentionne* など統辞レベルのミスもからんだ誤答が認められました。第6文の La trouvaille「この思いがけない発見」という語もむずかしかったようで、*La travail*（travail は男性名詞）、*La travaille*、*La trouvail*、*La trovaille* などといった誤答が見られました。

❷ 統辞レベル

書き取り試験において正しいフランス語の文を完成させるには、聞き取った音声情報をつちかってきた文法知識でフォローしていくことがつねに求められるのです。第4文 laissé tomber などはその好例です。この一節については *laissé tombé*、*laisser tomber*、*laissait tomber*、*laisse tomber* といった誤答が確認されました。ただし、この文では l'un d'eux a maladroitement laissé tomber と放任動詞 laisser が直説法複合過去形で用いられていることに気づけば、不定法 *laisser*、直説法半過去 *laissait*、直説法現在 *laisse* はふさわしくないと判断できたはずです。また、tomber はここでは laisser の直接目的補語 son attestation de déplacement の意味上の動詞であり、ここでは自動詞として機能していることが見抜ければ、過去分詞 *tombé* は不適切だとわかったのではないかと思われます。

第6文の qui n'ont eu qu'à se rendre という一節の qui を大文字にした答案がかなりありましたが、これは直前の ponctuation の指示、すなわち virgule を point ととりちがえたためと考えられます。たしかに ponctuation は1度しか読まれませんが、この文のなかで qui が関係代名詞として機能していることに気づけば、ふせげたミスではないかと思われます。また同じ一節の qu'à se rendre については *casse rendre* とした答案や無回答の答案がかなりありました。この一節については聴取レベルでつまずいた受験者も少なくなかったのかもしれません。しかし、制限の表現 ne... que A「A しか〜ない」という表現を念頭に置き、さらに que は母音や無音の h から始まる単語がつづく場合、エリジオンすることをふまえれば qui でみちびかれる関係節の構造が見抜けたのではないかと考えられます。

書き取り全体の得点率は47%でした。

解答　Samedi soir, trois hommes ont mis en place une ruse pour dérober de l'argent dans la caisse d'une boutique d'une commune voisine de la leur. Deux d'entre eux ont détourné l'attention du vendeur en l'attirant au fond du magasin, tandis que le troisième essayait de voler la caisse, soit 400 euros au total.

Les voleurs ont brusquement pris la fuite quand le vendeur a surpris le stratagème. Dans sa course effrénée, l'un d'eux a maladroitement laissé tomber son attestation de déplacement. Obligatoire pendant le confinement, celle-ci mentionnait l'adresse de l'individu. La trouvaille a facilité la tâche des gendarmes, qui n'ont eu qu'à se rendre au domicile indiqué sur le document. Dimanche matin, ils ont pu interpeller sans encombre les trois malfaiteurs chez eux.

聞き取り試験

1

(1) Un (　　　) qui (　　　) de l'or, des rubis, des émeraudes et des diamants.

(2) Un poème de 24 (　　　) inséré dans son (　　　) publiée en 2011.

(3) Plusieurs (　　　) d'(　　　) l'ont cherché.

(4) Il exprime ses (　　　) à tous les (　　　) de cette chasse.

(5) Il avait envie d'(　　　) les gens à (　　　) la nature et de leur redonner espoir.

(読まれるテキスト)

La journaliste : Monsieur, on dit qu'un trésor d'une valeur d'un million d'euros que vous aviez caché a été découvert tout récemment.

Benoît : Effectivement, j'avais annoncé en 2011 avoir caché dans les montagnes un coffre contenant de l'or, des rubis, des émeraudes et des diamants.

La journaliste : Est-ce que vous aviez donné des indices sur son emplacement ?

Benoît : Bien sûr ! J'avais écrit à ce sujet un poème de 24 vers inséré dans l'autobiographie que j'ai publiée la même année.

La journaliste : Combien de personnes se sont lancées dans cette chasse au trésor ?

Benoît : Plusieurs centaines d'aventuriers ont fouillé les montagnes à la recherche du coffre, et mon poème a finalement permis à l'un d'eux de le découvrir.

La journaliste : Dans quel état d’esprit êtes-vous aujourd’hui ?

Benoît : Je remercie tous ceux qui ont participé à cette chasse au trésor.

La journaliste : Pourquoi avez-vous décidé de faire une chose pareille ?

Benoît : Je voulais amener les gens à explorer la nature et leur redonner espoir dans ces temps difficiles.

（読まれる質問）

un : Qu’est-ce que Benoît avait caché dans les montagnes ?

deux : Qu’est-ce que Benoît avait donné comme indice ?

trois : Combien de personnes ont cherché ce que Benoît avait caché ?

quatre : Quel est l’état d’esprit actuel de Benoît ?

cinq : Quelle était la motivation de Benoît ?

解説　フランス語の文章とその内容に関する質問を聞き取り、質問に対する答えの文を、空欄をうめる形で完成させる問題です。設問によっては、聞き取った語をそのまま転記するだけではなく、内容のパラフレーズが必要な場合があり、解答には、文意の把握と同時に、派生語や表現に関する知識が求められます。

聞き取り1では、インタビュー形式の対話文が出題されることが多く、今回は、100 万ユーロ相当の宝を山にかくし、人々に宝さがしをさせた男性がインタビュアーの質問に答えています。

(1)　Qu’est-ce que Benoît avait caché dans les montagnes ?「Benoît は何を山にかくしていたのですか」

Benoît の最初の発言に [...] j’avais annoncé en 2011 avoir caché dans les montagnes un coffre contenant de l'or, des rubis, des émeraudes et des diamants「2011年に、金、ルビー、エメラルド、ダイヤモンドの入った金庫を山にかくしたと発表していました」とあります。したがって応答文の1つ目の空欄には coffre が入ります。trésor「宝」としてもかまいません。おもな誤答としては coffre という単語がわからず聞き取れた音をたよりにつづったとおぼしき *cof* や、trésor と書こうとしてアクサンをつけわすれた *tresor* がありました。2つ目の空欄には、Benoît の発言に現在分詞の形で登場する動詞 contenir を直説法半過去に活用させて入れ、Un (coffre) qui (contenait) de l'or, des rubis, des émeraudes et des diamants.「金、ルビー、エメラルド、ダイヤモンドの入った金庫です」とすればよいでしょう。2つ目の空欄については、contenir の直説法現在形 *contient* を記した答案が4割強あり、現在分詞 *contenant* をそのまま記入した答案もかなりありました。ちなみにこの2つ目の空欄には comprenait、renfermait を入れても可です。

得点率は順に70%、14%でした。

(2) Qu'est-ce que Benoît avait donné comme indice ?「Benoît は目印として何を提供していましたか」

Est-ce que vous aviez donné des indices sur son emplacement ?「その（= 金庫の）ありかについて目印を提供していましたか」というジャーナリストの質問に対し、Benoît は J'avais écrit à ce sujet un poème de 24 vers inséré dans l'autobiographie que j'ai publiée la même année.「その点については、同年（= 2011年）に出版した自伝のなかに24行詩を書いていました」と答えています。これをふまえて、応答文の1つ目の空欄には vers、2つ目の空欄には autobiographie を入れ、Un poème de 24 (vers) inséré dans son (autobiographie) publiée en 2011.「2011年に出版された彼の自伝に挿入された24行詩です」とします。1つ目の空欄については lignes を入れてもかまいませんが、vers「詩行」という語がややなじみのないものだったのか、*verres*、*vert(s)* とした答案が相当数ありました。また、2つ目の空欄については、œuvre でも可ですが、*autographie*、*autobiographique* といった誤答が見うけられました。

得点率はそれぞれ55%、58%でした。

(3) Combien de personnes ont cherché ce que Benoît avait caché ?「何人の

人が Benoît がかくしたものをさがしましたか」

Benoît の 3 つ目の発言には、Plusieurs centaines d'aventuriers ont fouillé les montagnes à la recherche du coffre [...]「数百人の冒険家たちが金庫をさがして山を掘り起こした」とありますので、応答文の 1 つ目の空欄には centaines、2 つ目の空欄には aventuriers（hommes、individus も可）を入れ、Plusieurs (centaines) d'(aventuriers) l'ont cherché.「何百人もの冒険家がそれをさがしました」とします。1 つ目の空欄については *centaine* と単数形にした誤答が 3 割ほどあったのが残念です。2 つ目の空欄についても単数形の *aventurier* とした答案がかなり認められたほか、*avanturier(s)*、*aventurié(s)* をはじめとしてさまざまなつづりミスが続出しました。

得点率は 63%、42%でした。

(4) Quel est l'état d'esprit actuel de Benoît ?「Benoît の現在の心境はどうですか」

Benoît の 4 つ目の発言に Je remercie tous ceux qui ont participé à cette chasse au trésor.「この宝さがしに参加したすべての人々に感謝しています」とあります。応答文の 1 つ目の空欄には動詞 remercier の名詞形 remerciements（複数形にするのがポイントです）が入ります。mercis としてもかまいません。また 2 つ目の空欄についても動詞 participer から派生した名詞 participant を複数形にして入れ、Il exprime ses (remerciements) à tous les (participants) de cette chasse.「彼はこの宝さがしへの参加者全員に感謝の念を示しています」とすると文が完成します。1 つ目の空欄については remercier を名詞形にするところでつまずいた受験者が多く、*remercies*、*remerciments* とした答案が相当数ありました。*remerciement* と単数形にしたおしいミスもめだちました。2 つ目の空欄については、*trésors*、*participés* などといった誤答が確認されました。

得点率は 29%、69%でした。

(5) Quelle était la motivation de Benoît ?「Benoît の動機は何でしたか」

Pourquoi avez-vous décidé de faire une chose pareille ?「どうしてこのようなことをしようときめたのですか」というジャーナリストの最後の質問に対し、Benoît は Je voulais amener les gens à explorer la nature et leur redonner espoir dans ces temps difficiles.「人々に自然を探索させ、このよ

うな困難な時代に希望をあたえたかったのです」と答えています。これをふまえて応答文の 1 つ目の空欄には amener（encourager、inciter、inviter も可）を、2 つ目の空欄には explorer（fouiller も可）を入れ、Il avait envie d'(amener) les gens à (explorer) la nature et de leur redonner espoir.「彼は人々に自然を探索させ、希望をあたえたかったのです」とすればよいでしょう。1 つ目の空欄については、おもに *ammener*、*emmener* といった誤答が見うけられました。2 つ目の空欄については、*exproler*、*exploire*、*exploirer* といったつづりミスや *exploiter* と音の似ている別の単語を記した答案が確認されました。

得点率は 61%、81%でした。

聞き取り1全体の得点率は 54%でした。

解答　(1) (coffre) (contenait)　(2) (vers) (autobiographie)
(3) (centaines) (aventuriers)　(4) (remerciements) (participants)
(5) (amener) (explorer)

2

（読まれるテキスト）

Selon le *Journal de Nantes*, deux jeunes Nantais respectivement âgés de 18 et 22 ans ont été agressés mercredi 9 avril. Ils rentraient en tram-train de leurs vacances à Châteaubriant (Loire-Atlantique).

Comme ils demandaient à deux autres jeunes, montés en gare d'Issé, d'éteindre leurs cigarettes, la discussion s'est envenimée. Les deux Nantais ont alors cherché un contrôleur pour régler le litige. En vain.

Lors d'un arrêt en gare de Nort-sur-Erdre, quatre individus sont montés dans le tram-train pour épauler les fumeurs réprimandés et agresser les deux passagers. Les deux Nantais ont finalement été transportés dans un hôpital de Nantes où ils ont été pris en charge. L'un a écopé de plusieurs fractures au visage, d'une entaille à l'arcade sourcilière et d'hématomes. L'autre s'en est sorti avec le nez cassé et une blessure au couteau à la main. Le surlendemain des faits, les deux jeunes ont déposé une plainte au commissariat de leur quartier, pour violence en réunion avec arme. Le dossier a été transféré à Nort-sur-Erdre, où une enquête est en cours.

(読まれる内容について述べた文)

un : L'incident a eu lieu en Corse.

deux : Les deux Nantais rentraient de leurs vacances à Châteaubriant.

trois : Les deux Nantais ont été agressés par un passager qui a éteint leurs cigarettes.

quatre : Les deux Nantais ont demandé à un contrôleur d'arrêter leur dispute.

cinq : Quatre individus sont montés dans le tram-train à Nort-sur-Erdre pour frapper les fumeurs.

six : Les deux Nantais ont été emmenés à l'hôpital.

sept : L'un des deux Nantais a reçu une entaille à l'arcade sourcilière.

huit : L'autre Nantais a été blessé à la jambe.

neuf : Les deux Nantais ont porté plainte deux jours après les faits.

dix : L'enquête a blanchi les agresseurs.

解説 ある程度の長さの文と、その内容について述べた設問文を聞き取り、後者の内容が前者と一致するかどうかを判断する問題です。

今回出題された問題は、トラムトレイン内で起こった暴行事件を取り上げた報道ニュースです。

(1) L'incident a eu lieu en Corse.「事件はコルシカで起こった」

本文第1段落冒頭の文には、[...] deux jeunes Nantais respectivement âgés de 18 et 22 ans ont été agressés mercredi 9 avril.「それぞれ18歳と22歳の2人のナントの若者が4月9日水曜日に襲われた」とありますので、設問文は本文の内容に一致しません。

(2) Les deux Nantais rentraient de leurs vacances à Châteaubriant.「2人のナント市民はシャトーブリアンでの休暇から帰るところだった」

設問文は、本文第1段落第2番目のIls rentraient en tram-train de leurs vacances à Châteaubriant (Loire-Atlantique).「彼ら（= 2人のナントの若者）はトラムトレインでシャトーブリアン（ロワール＝アトランティック県）での休暇から帰るところだった」という文の内容に一致します。

(3) Les deux Nantais ont été agressés par un passager qui a éteint leurs cigarettes.「2人のナント市民は彼らのタバコを消した乗客によって暴行された」

本文第2段落冒頭には、Comme ils demandaient à deux autres jeunes, montés en gare d'Issé, d'éteindre leurs cigarettes, la discussion s'est envenimée.「彼ら（=ナントの2人の若者）がイッセ駅で乗車したほかの2人の若者にタバコを消すようたのんだところ、話がこじれた」とありますので、設問文は本文の内容に一致しません。

(4) Les deux Nantais ont demandé à un contrôleur d'arrêter leur dispute.「2人のナント市民は車掌に口論を止めるようにたのんだ」

本文第2段落第2、3番目の文にはLes deux Nantais ont alors cherché un contrôleur pour régler le litige. En vain.「そこで2人のナント市民は争いを解決するために車掌を呼びにいったが、無駄だった」とあります。つまり車掌の助けを借りることができなかったのですから、設問文は本文の内容に一致しません。

(5) Quatre individus sont montés dans le tram-train à Nort-sur-Erdre pour frapper les fumeurs.「ノール＝シュル＝エルドルで4人の乗客が乗ってきて、タバコを吸っている人たちをなぐった」

本文第3段落冒頭にはLors d'un arrêt en gare de Nort-sur-Erdre, quatre individus sont montés dans le tram-train pour épauler les fumeurs réprimandés et agresser les deux passagers.「ノール＝シュル＝エルドル駅に停車したとき、4人の乗客がトラムトレインに乗ってきて叱責された喫煙者に肩入れし、2人の乗客を攻撃した」とありますので、設問文は本文の内容と一致しません。

(6) Les deux Nantais ont été emmenés à l'hôpital.「2人のナント市民は病院に運ばれた」

設問文は、本文第3段落第2番目の文にあるLes deux Nantais ont finalement été transportés dans un hôpital de Nantes [...]「最終的に2人のナント市民はナントの病院に運ばれた」という一節の内容に一致します。

(7) L'un des deux Nantais a reçu une entaille à l'arcade sourcilière.「2人のナント市民のうちの1人が眉弓に切り傷を負った」

本文第3段落第3番目の文にはL'un a écopé de plusieurs fractures au visage, d'une entaille à l'arcade sourcilière et d'hématomes.「1人は顔を何ヵ所も骨折し、眉弓に切り傷を負い、血腫ができた」とありますので、設問文は本文の内容と一致します。

(8) L'autre Nantais a été blessé à la jambe.「もう1人のナント市民は脚をけがした」

本文第3段落第4番目の文にはL'autre s'en est sorti avec le nez cassé et une blessure au couteau à la main.「もう1人は一命を取りとめたが、鼻を骨折し、腕に切り傷を負った」とありますから、設問文は本文の内容と一致しません。

(9) Les deux Nantais ont porté plainte deux jours après les faits.「2人のナ

ント市民は事件の2日後に告訴した」

本文第3段落第5番目の文には Le surlendemain des faits, les deux jeunes ont déposé une plainte au commissariat de leur quartier, pour violence en réunion avec arme.「事件の翌々日、2人の若者は武器を使用した集団暴行により地域の警察に告訴した」とあります。したがって、設問文は本文の内容に一致します。

(10) L'enquête a blanchi les agresseurs.「取調べにより襲撃者の無実が証明された」

本文最後の文には、Le dossier a été transféré à Nort-sur-Erdre, où une enquête est en cours.「本件はノール＝シュル＝エルドルに送られ、取調べがおこなわれている」とありますので、設問文は本文の内容に一致しません。

得点率は(1) 94%、(2) 93%、(3) 60%、(4) 42%、(5) 50%、(6) 97%、(7) 83%、(8) 98%、(9) 47%、(10) 81%、聞き取り 2 全体では75%でした。

解答 (1) ② (2) ① (3) ② (4) ② (5) ②
(6) ① (7) ① (8) ② (9) ① (10) ②

1次試験配点表

筆記試験	1	2	3	4	5	6	7	8	9	小計	書き取り	小計	聞き取り	1	2	小計	計
	12点	8	8	5	10	10	12	15	20	100		20		20	10	30	150

2 次 試 験

試験方法

(a) 試験は個人面接の形でおこなわれます。
面接委員はフランス人1人＋日本人1人です。

(b) 試験室に入室する3分前に **A**、**B** 一組の問題を渡されます。
A、**B** どちらかの問題を選び、3分間程度の論述 exposé をまとめます。

(c) 入室すると面接委員が本人確認をおこないます。

(d) 用意した論述をおこないます。

(e) 論述の内容をふまえ、面接委員との間で質疑応答をおこないます。

(f) 試験時間は入室から退室まで、全体で約9分間です。

解　説

2次試験の問題は、**A**、**B**　2つのテーマからなり、いずれか1つを選択します。**A** は政治や経済、社会などに関する、どちらかといえば時事的な問題、**B** は日常的、一般的な話題を扱ったものです。今季の出題は以下のとおりでした。

【日本】

1. **A)** 日本の移民政策についてどう思いますか。
   B) 若者のネット依存についてどう思いますか。
2. **A)** パンデミックは人々の行動をどのように変えましたか。
   B) SNS上の暴力的、あるいは攻撃的なコメントを減らすにはどうすればよいでしょうか。
3. **A)** パンデミックのために、多くの大学が学生にキャンパスに来ることを禁じました。こうした大学は学生に学費を返還すべきだと考えますか。
   B)「孤独死」と称される現象についてどう思いますか。

2次試験では、選択したテーマに関する受験者の exposé（口頭論述）と質疑応答をもとに、2人の面接委員が、論述の内容、質疑応答の能力およびフランス語の能力について、以下の3つの基準に沿って評価をおこないます。

(1) **論述の内容**
　論述に論理的な構成があり、主張が具体例にもとづいて説得的に提示されていること。
(2) **質疑応答の能力**
　面接委員の質問に的確に応答し、自分の主張に対して示された意見や見解をふまえた議論の展開ができること。
(3) **フランス語の能力**
　フランス語の発音、文法知識が正確であること。語彙、表現が豊かで洗練されていること。

あたえられた問題について、具体例をあげながら論理的に exposé をおこなうことは日本語でもけっして容易なことではありません。日ごろから日仏の新聞や雑誌を読んだり、ニュースを視聴したりして、どのような問題に人々の関心が集まっているのか注意するよう心がけましょう。たとえば、1. **A)** の「移民政策」を取り上げるならば、日本の政策についての知識が必要です。このような主題にもあわてず対応できるように、時事問題、社会問題についての情報を積極的に収集してください。

1. **A)** にくらべれば、2. **A)** は取り組みやすい問題に映るかもしれません。しかし、実際の試験でも見うけられた例ですが、「マスクをつねに着用するようになった」とか「こまめに手を洗うようになった」というように、一個人の生活面の変化を列挙するだけでは説得的な exposé を展開することはできません。在宅勤務の導入により働き方の見直しがうながされたこと、人と人とのつながりのあり方が問われたことなど、もう少し広い視野に立って論じるべきでしょう。

問題のなかには賛否の立場をはっきり示しにくいものもあるでしょう。今回の問題であれば3. **A)** の「大学の学費返還問題」などがその好例です。学費返還を求める立場の論拠としては、大学の設備を使用することができない点があげられるでしょう。一方でオンライン授業を進めるためのシステムの整備やそれにかかる人件費が必要となっていることも確かです。パンデミックという想定外の事態に対して、大学が責任を負わなくてはいけないのかという問題もあるでしょう。こうした問題については、学費返還に賛同する立場と反対する立場、双方の論拠をあげたうえで総合的な判断を提示すれば、問題を多面的に検討したという印象を面接委員にあたえることができます。

実際、出題される問題には、一見したときには反対の立場を取りたくなっても、考えを深めると必ずしもことは単純ではないと気づかされるようなものもあります。1. **B)** の「若者のネット依存」などはそれにあてはまります。「依存」ということばはネガティブな印象をあたえますし、若者がネットの世界にのめり込むことの危険性はずいぶん前から指摘されています。しかし、新型コロナウィルス感染拡大下において、多くの人々が日常生活や仕事などさまざまな場面でネットにたよらざるをえない状況が生まれています。exposé において、かりにネット依存に否定的な考えを示すとしても、ネットのメリットも念頭に置いて論を進めてほしいものです。

フランスには、ディセルタシオンの伝統がありますが、出題される主題には賛否の立場を容易にきめがたいものが少なくありません。賛成と反対の両方の立場から思索を掘り下げつつ自分の考えをまとめていくことが求められます。学校教育においてそうした訓練を積んできたフランス人面接委員も納得するような構成の exposé を展開できることをめざしましょう。

『仏検公式ガイドブックセレクション　1級』（駿河台出版社、2020年）には、過去問が豊富に掲載されています。過去問をもとに、実際に exposé を作ってみてください。文章に書いてみてネイティブの先生に添削してもらうのも有益でしょう。ぜひ活用してください。

準 1 級

準 1 級の内容と程度

程 度

日常生活や社会生活を営むうえで必要なフランス語を理解し、一般的な内容はもとより、多様な分野についてのフランス語を読み、書き、聞き、話すことができる。ヨーロッパ言語共通参照枠（CEFR）の B2 にほぼ対応しています。

標準学習時間：500 時間以上

試験内容

読　む	一般的な内容の文章を十分に理解できるだけでなく、多様な分野の文章についてもその大意を理解できる。
書　く	一般的な事柄についてはもちろんのこと、多様な分野についても、あたえられた日本語を正確なフランス語で書き表わすことができる。
聞　く	一般的な事柄を十分に聞き取るだけでなく、多様な分野にかかわる内容の文章の大意を理解できる。
話　す	身近な問題や一般的な問題について、自分の意見を正確に述べ、相手ときちんとした議論ができる。
文法知識	文の書きかえ、多義語の問題、前置詞、動詞の選択・活用などについて、かなり高度な文法知識が要求される。

語彙：約 5,000 語

試験形式

1 次試験（120 点）

筆　記	問題数 8 問、配点 80 点。試験時間 100 分。マークシート方式、一部記述式。
書き取り	問題数 1 問、配点 20 点。試験時間（下記聞き取りと合わせて）約 35 分。
聞き取り	問題数 2 問、配点 20 点。語記入、マークシート方式。

2 次試験（40 点）

個人面接試験	あたえられたテーマのなかから受験者が選んだものについての発表と質疑応答。 試験時間約 7 分。

準1級の傾向と対策

仏検では5級、4級を初級レベル、3級、準2級、2級を中級レベル、準1級、1級を上級レベルと位置づけています。中級レベルの最終段階にあたる2級が「日常生活や社会生活を営むうえで必要なフランス語を理解し、一般的なフランス語を読み、書き、聞き、話す」能力をはかるものであるのに対し、上級レベルの準1級では「一般的な内容はもとより、多様な分野についてのフランス語を読み、書き、聞き、話すことができる」能力が求められます。

準1級受験に対応する標準学習時間は「500時間以上」とされ、一般に4年制大学のフランス語・フランス文学専攻課程を卒業しただけでは足りない勉強量を前提にしています。また、語彙の範囲は5,000語が目安とされ、まさしく「多様な分野」にわたる語彙や表現も知っていることが必要です。語彙レベルがあがりますので、当然のことながら読解問題の論理展開は2級にくらべてより複雑になり、テクストも長くなります。

こうした問題に対処するためには、日ごろからさまざまなフランス語の文章を読む習慣をつけることが必要になりますが、とくにおすすめなのが、インターネット上で閲覧可能なフランス（語圏）の新聞や雑誌です。フランスでは *Le Figaro* や *Le Monde* のような全国紙にくわえ、*Le Parisien*、*Ouest France* といったさまざまな地方紙が刊行されています。最初は自分が興味をもてる分野から始めて、慣れてきたら政治、社会、経済、国際関係、文化などできるだけ幅広く「多様な分野」の記事に挑戦してみてください。その際、ただテクストの内容理解（＝仏文和訳）にとどまるのみならず、用いられている表現、論理展開といった細部にも注意を向けてみましょう。たとえば、動詞の法や時制の使われ方に注目すれば、筆記 [4] の動詞穴うめ問題対策に、そしてフランス語独特の論理展開に慣れておけば、筆記 [5] の選択式穴うめ問題対策になると考えられます。

また、聴解力の向上には、TV 5 Monde や France Info、Radio France Internationale (RFI) を活用するとよいでしょう。インターネット上の生きた素材を通してフランス（語圏）のニュース・時事問題にふれ、論点を整理しておくことは、2次試験の対策にもつながります。

例年、筆記 [1] ～ [3] の語彙問題は多くの受験者が苦戦するところですが、豊かな語彙力の獲得には辞書に親しむことも大切です。また準1級レベルでは、仏和辞典、和仏辞典のみならず、*Le Petit Robert* のような仏仏辞典も使いこなせることをめざしましょう。電子辞書は持ち歩くのには手軽で便利ですが、自宅で学習するときには紙の辞書を使うことをおすすめします。また、辞書をひく際には、そのときに必要な情報だけを得て満足するのではなく、周辺の情報にも関心を向け、「楽しみながら辞書を読む」ように心がけてください。準1級では動詞・形容詞・副詞の名詞化の問題が出題されます（筆記[1]）が、たとえばある動詞を覚えるとき、そこから派生する形容詞や名詞もいっしょに覚えるようにすれば、こうした名詞化の問題にも対応できます（聞き取り[1]にも一部、品詞の変換にかかわる出題がなされます）。また、辞書の語の定義と用例をくまなく読むことで、多義語に関する理解を問う筆記[2]のような問題にも自信をもって取り組めるようになるでしょう。筆記[3]（前置詞問題）対策として、前置詞の項目をじっくり読んでみるのもよい勉強になります。前置詞については、動詞や形容詞、名詞の用法を覚える際、それらの語が形成する熟語に従属する語としてとらえられていることが少なくないように思われます。たとえば、parler de「～について話す」という表現を覚えるとき、多くの学習者はつい parler のほうに関心を向けているのではないでしょうか。しかし前置詞 de の定義を読んでみると、この熟語的表現は、目的、対象をみちびく前置詞 de の機能をもとに成り立つものであることがわかります。前置詞にはそれ自体で機能語としての役割が備わっています。前置詞の数はそれほど多くありませんので、試験直前にそれぞれの前置詞の定義に目を通しておくだけでも役立つはずです。

そして、最後に忘れてはならないのが、初級文法の復習です。筆記[8]の和文仏訳、あるいは書き取り問題では、動詞の活用、形容詞や過去分詞の性数一致といった基本的な文法事項にかかわるケアレスミスが数多く見うけられます。受験をきめた時点で、ぜひ一通り文法書を見直し、あやふやなところがないか確認してみてください。準1級レベルともなると、試験問題も一筋縄でいかないものが多くなりますので、不注意による失点は避けたいところです。

教場で日々フランス語を教える立場にあると、準1級レベルの参考書があまりないとの相談を受けることがよくあります。しかし、まずこのレベルの学習者のみなさんに強くおすすめしたいのは、安逸に既存の参考書類に頼ることなく、上記のようなツールを活用し、多少まわり道してでも自分なりの学習スタンスを確立することです。時間と手間をかけてさまざまなフランス語にふれることに楽しみを見いだし、さらに深く究める知的好奇心をいだけるようになったとき、みなさんのフランス語力はきっと上級レベルに達しているはずです。

解答用紙（雛型）（67%縮小）

表面

2021年度　秋季　実用フランス語技能検定試験（準1級）筆記試験　解答用紙

会　場　名

氏　名

会場コード					
⓪	⓪	⓪	⓪	⓪	⓪
①	①	①	①	①	①
②	②	②	②	②	②
③	③	③	③	③	③
④	④	④	④	④	④
⑤	⑤	⑤	⑤	⑤	⑤
⑥	⑥	⑥	⑥	⑥	⑥
⑦	⑦	⑦	⑦	⑦	⑦
⑧	⑧	⑧	⑧	⑧	⑧
⑨	⑨	⑨	⑨	⑨	⑨

受験番号							
⓪	⓪	⓪	⓪	⓪	⓪	⓪	⓪
①	①	①	①	①	①	①	①
②	②	②	②	②	②	②	②
③	③	③	③	③	③	③	③
④	④	④	④	④	④	④	④
⑤	⑤	⑤	⑤	⑤	⑤	⑤	⑤
⑥	⑥	⑥	⑥	⑥	⑥	⑥	⑥
⑦	⑦	⑦	⑦	⑦	⑦	⑦	⑦
⑧	⑧	⑧	⑧	⑧	⑧	⑧	⑧
⑨	⑨	⑨	⑨	⑨	⑨	⑨	⑨

記入およびマークについての注意事項

1. 解答にはかならずHBまたはBの黒鉛筆（シャープペンシルも可）を使用してください。ボールペンや万年筆等でマークした解答は機械による読み取りの対象とならないため、採点されません。
2. 記入は**太線の枠内**に、マークは◯の中を**正確に塗りつぶしてください**（下記マーク例参照）。
   採点欄は塗りつぶさないでください。
3. 訂正の場合は、プラスチック製消しゴムできれいに消してください。
4. **解答用紙を折り曲げたり、破ったり、汚したりしないでください。**

マーク例

良い例	悪い例
●	◔ ⊠ ◉ ✓ ◑ ◎

1

解答番号	解答欄	採点欄
(1)		② ⓪
(2)		② ⓪
(3)		② ⓪
(4)		② ⓪
(5)		② ⓪

4

解答番号	解答欄	採点欄
(1)		② ⓪
(2)		② ⓪
(3)		② ⓪
(4)		② ⓪
(5)		② ⓪

2

解答番号	解答欄
(1)	① ② ③ ④ ⑤ ⑥ ⑦ ⑧ ⑨ ⓪
(2)	① ② ③ ④ ⑤ ⑥ ⑦ ⑧ ⑨ ⓪
(3)	① ② ③ ④ ⑤ ⑥ ⑦ ⑧ ⑨ ⓪
(4)	① ② ③ ④ ⑤ ⑥ ⑦ ⑧ ⑨ ⓪
(5)	① ② ③ ④ ⑤ ⑥ ⑦ ⑧ ⑨ ⓪

5

解答番号	解答欄
(1)	① ② ③
(2)	① ② ③
(3)	① ② ③
(4)	① ② ③
(5)	① ② ③

3

解答番号	解答欄
(1)	① ② ③ ④ ⑤ ⑥ ⑦ ⑧ ⑨ ⓪
(2)	① ② ③ ④ ⑤ ⑥ ⑦ ⑧ ⑨ ⓪
(3)	① ② ③ ④ ⑤ ⑥ ⑦ ⑧ ⑨ ⓪
(4)	① ② ③ ④ ⑤ ⑥ ⑦ ⑧ ⑨ ⓪
(5)	① ② ③ ④ ⑤ ⑥ ⑦ ⑧ ⑨ ⓪

6

解答番号	解答欄
(1)	① ②
(2)	① ②
(3)	① ②
(4)	① ②
(5)	① ②
(6)	① ②
(7)	① ②
(8)	① ②

7 8 の解答欄は裏面にあります。

7

解答番号	採点欄
(1)	⓪ ① ② ③ ④
(2)	⓪ ① ② ③ ④
(3)	⓪ ① ② ③ ④ ⑤ ⑥ ⑦

8

採点欄
⓪ ① ② ③ ④ ⑤ ⑥ ⑦ ⑧ ⑨
⑩ ⑪ ⑫ ⑬ ⑭

裏面

7

(1)

(2)

(3)

8

表面

2021年度　秋季　実用フランス語技能検定試験（準1級）書き取り／聞き取り 試験　解答用紙

会　場　名
氏　名

会場コード					
⓪	⓪	⓪	⓪	⓪	⓪
①	①	①	①	①	①
②	②	②	②	②	②
③	③	③	③	③	③
④	④	④	④	④	④
⑤	⑤	⑤	⑤	⑤	⑤
⑥	⑥	⑥	⑥	⑥	⑥
⑦	⑦	⑦	⑦	⑦	⑦
⑧	⑧	⑧	⑧	⑧	⑧
⑨	⑨	⑨	⑨	⑨	⑨

受験番号							
⓪	⓪	⓪	⓪	⓪	⓪	⓪	⓪
①	①	①	①	①	①	①	①
②	②	②	②	②	②	②	②
③	③	③	③	③	③	③	③
④	④	④	④	④	④	④	④
⑤	⑤	⑤	⑤	⑤	⑤	⑤	⑤
⑥	⑥	⑥	⑥	⑥	⑥	⑥	⑥
⑦	⑦	⑦	⑦	⑦	⑦	⑦	⑦
⑧	⑧	⑧	⑧	⑧	⑧	⑧	⑧
⑨	⑨	⑨	⑨	⑨	⑨	⑨	⑨

記入およびマークについての注意事項

1. 解答にはかならずHBまたはBの黒鉛筆（シャープペンシルも可）を使用してください。ボールペンや万年筆等でマークした解答は機械による読み取りの対象とならないため、採点されません。
2. 記入は**太線の枠内**に、マークは◯の中を**正確に塗りつぶしてください**（下記マーク例参照）。
採点欄は塗りつぶさないでください。
3. 訂正の場合は、プラスチック製消しゴムできれいに消してください。
4. **解答用紙を折り曲げたり、破ったり、汚したりしないでください。**

マーク例

良い例	悪い例
●	◌ ⊠ ⊙ ✓ ◐ ◎

書き取り試験注意事項　（書き取り試験解答欄は裏面にあります。）

フランス語の文章を、次の要領で３回読みます。全文を書き取ってください。

- １回目は、ふつうの速さで全文を読みます。内容をよく理解するようにしてください。
- ２回目は、ポーズをおきますから、その間に書き取ってください（句読点も読みます）。
- 最後に、もう１回ふつうの速さで全文を読みます。
- 読み終わってから３分後に、聞き取り試験にうつります。
- 数を書く場合は、算用数字で書いてかまいません。（配点　20）

書き取り試験

採　点　欄
⓪ ① ② ③ ④ ⑤ ⑥ ⑦ ⑧ ⑨
⑩ ⑪ ⑫ ⑬ ⑭ ⑮ ⑯ ⑰ ⑱ ⑲ ⑳

聞き取り試験

1

解答番号	解　答　欄	採点欄
(1)		① ⓪
		① ⓪
(2)		① ⓪
(3)		① ⓪
		① ⓪
(4)		① ⓪
		① ⓪
(5)		① ⓪
(6)		① ⓪
		① ⓪

2

解答番号	解　答　欄	解答番号	解　答　欄
(1)	① ②	(6)	① ②
(2)	① ②	(7)	① ②
(3)	① ②	(8)	① ②
(4)	① ②	(9)	① ②
(5)	① ②	(10)	① ②

裏面

準1級書き取り試験　解答欄

2020年度秋季
実用フランス語技能検定試験
筆記試験問題冊子　〈準 1 級〉

問題冊子は試験開始の合図があるまで開いてはいけません。

筆　記　試　験		10 時 00 分 ～ 11 時 40 分 (休憩 30 分)
書き取り 聞き取り	試験	12 時 10 分から約 35 分間

◇**筆記試験と書き取り・聞き取り試験の双方を受験しないと欠席になります。**

◇問題冊子は表紙を含め 12 ページ、全部で 8 問題です。

注　意　事　項

1　途中退出はいっさい認めません。

2　筆記用具は **HB または B の黒鉛筆** (シャープペンシルも可) を用いてください。ボールペンや万年筆等でマークした解答は機械による読み取りの対象とならないため、採点されません。

3　解答用紙の所定欄に、**受験番号**と**カナ氏名**が印刷されていますから、まちがいがないか、**確認**してください。

4　**マーク式の解答は、解答用紙の解答欄にマークしてください。** たとえば、2 の (1) に対して ③ と解答する場合は、次の例のように解答欄の ③ にマークしてください。

例

2	解答番号	解　答　欄
	(1)	① ② ● ④ ⑤ ⑥ ⑦ ⑧ ⑨ ⓪

5　記述式の解答の場合、正しく判読できない文字で書かれたものは採点の対象となりません。

6　解答に関係のないことを書いた答案は無効にすることがあります。

7　解答用紙を折り曲げたり、破ったり、汚したりしないように注意してください。

8　問題内容に関する質問はいっさい受けつけません。

9　不正行為者はただちに退場、それ以降および来季以後の受験資格を失うことになります。

10　**携帯電話等の電子機器の電源はかならず切って、かばん等にしまってください。** 通信機能のある時計は使用を禁じます。

11　**時計のアラームは使用しないでください。**

12　この試験問題の複製 (コピー) を禁じます。また、この試験問題の一部または全部を当協会の許可なく他に伝えたり、漏えいしたりすることを禁じます (インターネットや携帯サイト等に掲載することも含みます)。

1　例にならい、次の (1) ～ (5) について、**A** のイタリック体の部分を変化させて **B** の (　　) 内に入れると、2つの文 **A**、**B** がほぼ同じ意味になります。(　　) 内に入れるのにもっとも適切なフランス語 (各1語) を、解答欄に書いてください。(配点　10)

(例) **A**　Son dernier livre n'était pas *intéressant*.
B　Son dernier livre était sans (　　).

解答：intérêt

(1) **A**　Ce sculpteur était très *renommé* parmi les artistes de son temps.
B　Ce sculpteur jouissait d'un grand (　　) parmi les artistes de l'époque.

(2) **A**　Esther *appréhendait* beaucoup ce long voyage.
B　Ce long voyage donnait à Esther beaucoup d'(　　).

(3) **A**　Il est resté complètement *muet* sur ce point.
B　Son (　　) a été complet sur ce point.

(4) **A**　N'attendez pas d'être *surmené* pour planifier un congé.
B　Planifiez un congé pour éviter le (　　).

(5) **A**　On a arrêté de ramasser les ordures ; ça *pue* dans la rue !
B　La (　　) de la rue est due à l'arrêt du ramassage des ordures.

(解説・解答 ▶ p.158)

2

次の (1) ～ (5) について、**A**、**B** の (　　) 内には同じつづりの語が入ります。(　　) 内に入れるのにもっとも適切な語を、下の ① ～ ⓪ のなかから 1 つずつ選び、解答欄のその番号にマークしてください。ただし、同じものを複数回用いることはできません。(配点　5)

(1) **A** Cette espèce n'arrive plus à se (　　).
B On ne sait pas comment une pareille erreur a pu se (　　).

(2) **A** Elle n'a pas l'(　　) d'une grande cinéaste.
B Ils portaient des vêtements d'(　　) grossière.

(3) **A** Il aime (　　) ses connaissances.
B Il faut (　　) finement la pâte à tarte.

(4) **A** Si vous fermez la porte aussi violemment, elle va finir par (　　).
B Tu ne devrais pas (　　) devant ces menaces.

(5) **A** Un scientifique doit toujours utiliser un langage (　　).
B Voici l'endroit (　　) où l'objet a été découvert.

① céder　② discret　③ envie　④ étaler　⑤ étoffe
⑥ intérieur　⑦ montrer　⑧ précis　⑨ reculer　⓪ reproduire

(解説・解答 ▶ p.159)

3　次の (1) ～ (5) の (　　) 内に入れるのにもっとも適切なものを、下の ① ～ ⓪ のなかから 1 つずつ選び、解答欄のその番号にマークしてください。ただし、同じものを複数回用いることはできません。(配点　5)

(1) Cette actrice est excellente (　　) les rôles tragiques.

(2) Il est brave (　　) paroles, mais il agit peu.

(3) J'ai saisi le petit chat (　　) la peau du cou.

(4) L'homme avait baissé les yeux (　　) le sol.

(5) Vu (　　) cet angle, le problème prend un tout autre aspect.

① avant　② dans　③ derrière　④ dès　⑤ devant
⑥ en　⑦ par　⑧ pendant　⑨ sous　⓪ vers

（解説・解答 ▶ p.161）

4 次の文章を読み、(1) ～ (5)に入れるのにもっとも適切なものを、下の語群から1つずつ選び、必要な形にして解答欄に書いてください。ただし、同じものを複数回用いることはできません。(配点 10)

John Raymond est patron du restaurant « Eatwell », dans un petit village près de la ville de Manchester. Au printemps dernier, il a rapporté chez lui un vieux panneau d'arrêt de bus qu'il (1) par terre dans une rue où le bus ne passait plus. Puis, pour s'amuser, il a installé ce panneau devant chez lui.

Or, moins de deux semaines après, il a vu son « faux » arrêt devenir un « vrai » quand le bus (2) à s'y arrêter. « Je n'aurais jamais imaginé qu'une chose aussi folle se produirait ! », raconte John. Et il ajoute : « Mais ce qui m'a étonné le plus, c'est que des clients aient commencé à venir de la ville voisine en autobus pour manger chez moi. »

Au début de l'été, la société qui gère les bus (3) ce village a officiellement remplacé le vieux panneau par un neuf. Les bus continuent donc à s'arrêter à côté du restaurant « Eatwell », comme s'ils le (4) depuis longtemps. Quant à la clientèle de John Raymond, elle (5) par deux. Voilà comment une simple plaisanterie peut avoir des conséquences inespérées !

faire	multiplier	rendre	savoir
se mettre	se passer	traverser	trouver

(解説・解答 ▶ p.162)

5 　次の文章を読み、(1)〜(5)に入れるのにもっとも適切なものを、それぞれ右のページの ① 〜 ③ のなかから1つずつ選び、解答欄のその番号にマークしてください。(配点 5)

Le drame a eu lieu un peu avant midi ce mercredi. Un jeune garçon de 15 ans a été écrasé par la chute d'une partie (1) à Lanet, dans l'Aude. Il est mort peu après, selon les informations d'un quotidien local.

Originaire d'Aubervilliers, dans la région parisienne, il était depuis lundi en colonie de vacances* au centre du « Mouton vert ». Il faisait partie d'un groupe de 18 enfants handicapés. Ce mercredi, dans le cadre d'une promenade en forêt, (2) s'amusaient à grimper dans un vieil arbre. Une partie du tronc se serait soudainement arrachée selon le journal, qui indique que quatre des cinq enfants (3) choc, tandis que le dernier n'a pas eu le temps de réagir. Il aurait été précipité au sol, puis écrasé par la partie de l'arbre qui venait de se détacher.

Toujours selon la presse locale, les parents de l'adolescent devaient arriver dans l'Aude dans la soirée. Les gendarmes se sont (4). Une enquête est en cours. Les autres enfants ont tous été installés par les pompiers dans une salle de Lanet, prêtée par la commune, où ils (5) une équipe de psychologues.

* colonie de vacances : サマーキャンプ

(1) ① d'échecs
② des vacanciers
③ d'un tronc d'arbre

(2) ① cinq adolescents, dont la victime,
② quatre enfants et un adulte
③ six handicapés, y compris la victime,

(3) ① n'ont pas échappé au
② ont pu éviter le
③ ont reçu le

(4) ① enfuis de l'Aude
② précipités sur les lieux
③ rassemblés à Aubervilliers

(5) ① donnent des leçons particulières à
② rendent un petit service à
③ sont pris en charge par

(解説・解答 ▶ p.165)

6　次の文章を読み、右のページの (1) ～ (8) について、文章の内容に一致する場合は解答欄の ① に、一致しない場合は ② にマークしてください。(配点　16)

Aujourd'hui en France, les adultes de 30 à 40 ans dorment une heure de moins qu'il y a 50 ans : la durée moyenne de leur sommeil est désormais de moins de sept heures par nuit. Pour la santé, il est préférable de se reposer davantage en dormant plus longtemps.

Pour cela, il faut d'abord s'exposer à la lumière au bon moment. Une forte lumière matinale aide à s'endormir tôt le soir, alors qu'une exposition le soir donne des effets inverses. Il faut ensuite arrêter de fumer. Fumer avant le coucher entraîne un sommeil fragmenté. Quant à l'alcool, puisqu'il nous détend, il peut nous aider à nous endormir, mais il risque de nous réveiller en fin de nuit et de détériorer la qualité du sommeil. Sachez aussi que les produits laitiers aident à nous entraîner au pays des rêves. Un pot de yaourt est idéal à la fin du dîner.

Dans la chambre, il ne doit faire ni trop chaud ni trop sec. Et pour renouveler l'air de la pièce, il est nécessaire de laisser les fenêtres ouvertes au moins dix minutes par jour. Nous devons du reste réserver notre lit au sommeil. Regarder un film, lire ou manger au lit envoie un mauvais signal à notre cerveau.

Enfin, les animaux de la maison peuvent nuire à un bon sommeil. 40 % des propriétaires d'animaux jugent leur présence rassurante, mais pour 20 % d'entre eux, ils sont la cause de réveils à répétition. Dans ce cas, chacun chez soi !

(1) Il y a 50 ans, la durée moyenne du sommeil des adultes de 30 à 40 ans ne dépassait pas six heures par nuit.

(2) Pour avoir un bon sommeil, il est recommandé de s'exposer à la lumière le matin et le soir.

(3) Il ne faut pas fumer avant de se coucher si on veut dormir toute la nuit sans s'arrêter.

(4) La consommation de boissons alcoolisées ne garantit pas un bon sommeil.

(5) Le soir, il vaut mieux ne pas manger de produits laitiers.

(6) Dans la chambre, on doit changer d'air au minimum tous les deux jours.

(7) La lecture au lit n'est pas conseillée.

(8) La présence des animaux de la maison peut nuire au bon sommeil de leurs propriétaires.

（解説・解答 ▶ p.167）

7　次の文章を読み、右のページの (1)、(2) に、指示にしたがって**日本語**で答えてください。句読点も字数に数えます。

解答欄は解答用紙の裏面にあります。(配点　15)

Vivre sans supermarché est-il possible ? C'est le défi qu'a lancé le site *Magasin du coin* en 2018. L'initiative aurait séduit plus de 20 000 personnes en France. Soit pour se procurer une meilleure alimentation, soit pour apporter leur soutien aux petits commerçants de leur quartier — ou pour les deux raisons —, ces consommateurs ont choisi les magasins indépendants au lieu d'aller dans les grandes surfaces. Cette pratique s'est cependant vite heurtée au mur de la réalité.

Michel Bixiou, professeur d'économie, relève d'abord le problème de la localisation. « Les urbains, dit-il, fréquentent plus les petits commerces que les habitants des communes rurales, qui se rendent plutôt en hypermarché*. » En effet, selon une étude effectuée par le Centre d'études sur la consommation (CEC), pour environ la moitié des consommateurs, ce qui importe le plus reste la proximité du magasin. C'est le manque de choix qui pousse les acheteurs ruraux vers les grandes surfaces.

S'y ajoute la question de la situation financière** des ménages. Les produits des magasins indépendants restent en moyenne plus chers que ceux de la grande distribution, confirme l'étude du CEC. Et ce n'est pas tout. Acheter des légumes frais et non préparés implique qu'on fasse la cuisine soi-même. Or « une telle habitude s'est souvent perdue chez les ménages les plus modestes », analyse Michel Bixiou.

Le « sans supermarché » reste donc aujourd'hui encore assez marginal. Cette année, cependant, la consommation dans les grandes surfaces a légèrement baissé par rapport à l'année dernière. Du jamais vu. De quoi donner de l'espoir aux défenseurs des petits magasins ?

* hypermarché : 大型スーパー

** financier : 経済的な、家計の

(1)　本文によれば、地方の住人と比較した場合、都市部の生活者の購買行動にはどのような特徴が認められますか。(30 字以内)

(2)　本文では、家計の状況によって買い物の場所がことなる理由について、商品の値段以外にどのような要素が指摘されていますか。(30 字以内)

(解説・解答 ▶ p.169)

8

次の文章をフランス語に訳してください。
解答欄は解答用紙の裏面にあります。(配点　14)

9月22日火曜日、目を覚ますと、部屋の中がいつもより明るい気がした。カーテンは閉まっているのにと思いながら見回すと、屋根の一部がなかった。前夜の強風で飛んだらしい。すぐに気づかなかった自分に笑ってしまった。

(解説・解答 ▶ p.170)

2020年度秋季
実用フランス語技能検定試験
聞き取り試験問題冊子　〈準 1 級〉

書き取り・聞き取り試験時間は、
12 時 10 分 から 約 35 分 間

先に書き取り試験をおこないます。解答用紙表面の書き取り試験注意事項をよく読んでください。書き取り試験解答欄は裏面にあります。

この冊子は指示があるまで開かないでください。

◇**筆記試験と書き取り・聞き取り試験の双方を受験しないと欠席になります。**

◇問題冊子は表紙を含め 4 ページ、全部で 2 問題です。

書き取り・聞き取り試験注意事項

1　途中退出はいっさい認めません。
2　書き取り・聞き取り試験は、CD・テープでおこないます。
3　解答用紙の所定欄に、**受験番号**と**カナ氏名**が印刷されていますから、まちがいがないか、**確認**してください。
4　CD・テープの指示にしたがい、中を開いて、日本語の説明をよく読んでください。フランス語で書かれた部分にも目を通しておいてください。
5　解答はすべて別紙の書き取り・聞き取り試験解答用紙の解答欄に、**HB または B の黒鉛筆**（シャープペンシルも可）で記入またはマークしてください。ボールペンや万年筆等でマークした解答は機械による読み取りの対象とならないため、採点されません。
6　問題内容に関する質問はいっさい受けつけません。
7　**携帯電話等の電子機器の電源はかならず切って、かばん等にしまってください。**通信機能のある時計は使用を禁じます。
8　**時計のアラームは使用しないでください。**
9　この試験問題の複製（コピー）を禁じます。また、この試験問題の一部または全部を当協会の許可なく他に伝えたり、漏えいしたりすることを禁じます（インターネットや携帯サイト等に掲載することも含みます）。

書き取り・聞き取り試験

（試験時間：約 35 分間）

書き取り試験

注意事項

フランス語の文章を、次の要領で 3 回読みます。全文を書き取ってください。

- 1 回目は、ふつうの速さで全文を読みます。内容をよく理解するようにしてください。
- 2 回目は、ポーズをおきますから、その間に書き取ってください（句読点も読みます）。
- 最後に、もう 1 回ふつうの速さで全文を読みます。
- 読み終わってから 3 分後に、聞き取り試験にうつります。
- 数を書く場合は、算用数字で書いてかまいません。（配点　20）

［ 音声を聞く順番 ］ ⓯ → ⓰ → ⓯

（解説・解答 ▶ p.173）

聞き取り試験

1

- まず、Frédéric へのインタビューを聞いてください。
- つづいて、それについての 5 つの質問を読みます。
- もう 1 回、インタビューを聞いてください。
- もう 1 回、5 つの質問を読みます。1 問ごとにポーズをおきますから、その間に、答えを解答用紙の解答欄にフランス語で書いてください。
- それぞれの (　　) 内に 1 語入ります。
- 答えを書く時間は、1 問につき 10 秒です。
- 最後に、もう 1 回インタビューを聞いてください。
- 数を記入する場合は、算用数字で書いてください。

(メモは自由にとってかまいません) (配点　10)

［ 音声を聞く順番 ］ ⓱ → ⓲ → ⓱ → ⓳ → ⓱

(1) Non, il est l'( ) de ( ) enfants.

(2) C'est le ( ) d'un magasin de ( ).

(3) Il s'( ) à la ( ).

(4) Parce qu'il a été ( ) par une vidéo où Frédéric jouait des ( ) de jazz.

(5) Non, il ne ( ) pas encore où l'( ) dans son appartement.

(解説・解答 ▶ p.175)

2

- まず、Sarah の話を 2 回聞いてください。
- 次に、その内容について述べた文 (1) ～ (10) を 2 回通して読みます。それぞれの文が話の内容に一致する場合は解答欄の ① に、一致しない場合は ② にマークしてください。
- 最後に、もう 1 回 Sarah の話を聞いてください。
  (メモは自由にとってかまいません) (配点 10)

[音声を聞く順番] ⑳ → ⑳ → ㉑ → ㉑ → ⑳

(解説・解答 ▶ p.179)

2 次 試 験

試験方法

○ 2 次試験は個人面接です（面接時間：約 7 分）。
○各自の試験開始予定時刻の 3 分前にテーマを 2 題渡します。この 3 分間に、渡された 2 題のテーマのうちいずれか 1 題について考えをまとめておいてください。
○指示にしたがい試験室に入室し、はじめに氏名等についてフランス語で簡単な質問がありますから、フランス語で答えてください。
○次に選択したテーマについて、3 分間、フランス語で自由に述べてください。つづいて、その内容についてフランス語で質問がありますから、フランス語で答えてください。時間の余裕があれば、一般会話をおこなうことがあります。

＊注意＊
- テーマが渡されてから、辞書・参考書類を使ったり、音読したり、他の人と相談したりしないでください。
- 試験室入室前に携帯電話の電源を切ってください。

2020 年度は以下の問題のうちから、試験本部が選択したものを会場でお渡ししました。

次のテーマのうち、いずれか1題について考えをまとめておいてください。

【日本】

1.

A) Au Japon, les sacs plastiques disponibles dans les supermarchés sont payants depuis juillet 2020. Qu'en pensez-vous ?

B) Vous êtes pour ou contre l'euthanasie, le droit de mourir dans la dignité ?

2.

A) La pandémie de Covid-19 semble nous pousser à réfléchir sur notre vie quotidienne. Que faut-il changer selon vous ?

B) Est-ce que le client a toujours raison ?

3.

A) Que pensez-vous des dirigeants politiques du monde d'aujourd'hui ?

B) Selon l'UNICEF, le nombre d'enfants pauvres augmente dans l'ensemble des pays riches. Qu'en pensez-vous ?

(解説 ▶ p.183)

2020 年度準 1 級

2020 年度の出願者は 889 名（うち実受験者は 763 名）で、1 次試験の合格者は 191 名、対実受験者の合格率は 25.0%でした。1 次試験免除者 36 名をくわえた 227 名のうち 212 名が 2 次試験を受験し、1 次試験・2 次試験の両方に合格した最終合格者数は 172 名、対実受験者の最終合格率は 21.9%となっています。

1 次試験の平均点は 58 点（満点は 120 点）、得点率は 48%で、過去 5 回の平均なみでした。

出題内容のあらまし

1 次試験

[筆記]

1 動詞・形容詞の名詞化（穴うめ・記述）
2 多義語（穴うめ・選択）
3 前置詞（穴うめ・選択）
4 説明文（飾りのバス停にバスが停まるようになった話／動詞を選択活用／穴うめ・記述）
5 説明文（サマーキャンプ中の事故／穴うめ・選択）
6 説明文（よりよい睡眠のための秘訣／内容一致・選択）
7 説明文（スーパーマーケットなしに生活できるかどうか／日本語による内容要約・記述）
8 和文仏訳（朝起きたら強風で家の屋根が吹き飛んでいた話／記述）

[書き取り] 談話文（画家になる夢をあきらめて定評のある学校に入ったにもかかわらず、生活に困窮している人の話）

[聞き取り]

1 対話文（クリスマスにプレゼントとしてピアノをもらった少年に対するインタビュー／穴うめ・記述）
2 談話文（待ち合わせの約束をよく破る男性と結婚した女性の話／内容一致・選択）

2 次試験（個人面談方式）受験者は試験室入室 3 分前に渡される 2 つのテーマのどちらか 1 つを選択し、それについて考えをまとめておく。試験室では、選択したテーマについて 3 分間の exposé（口頭論述）をおこない、つづいて面接委員との間にそれに関連した質疑応答がある。（試験時間約 7 分間）

1 次 試 験

筆記試験

解説・解答

1 **解説** 名詞化の問題です。2つの文**A**、**B**がほぼ同じ意味になるように、**A**の文中のイタリック体で示された語（動詞・形容詞）を派生関係にある名詞に書きかえます。

(1) **A**:「その彫刻家は同時代の芸術家のなかでもひじょうに高名だった」

renommé「名高い、評判の」という形容詞の名詞形を問う問題です。*renommation* や *renommement* のように、よくある名詞形の語尾をもってきても正答とはなりません。nommé「〜と名づけられた」という形容詞に対して nom「名前」という名詞があることを思い出せれば、正解の renom にたどりつけたでしょう。得点率は20%でした。

(2) **A**:「エステルはこの長旅をとても心配していた」

動詞 appréhender「心配する、恐れる」の名詞化です。正解の appréhension の語尾は定型的ではありますが、しっかり覚えていないと実際の試験で見られたように、*appréhention* や *appréhendation* といったつづりにしてしまいかねません。なお、複数形 appréhensions も可です。得点率は34%でした。

(3) **A**:「彼はその点について完全に沈黙をつらぬいた」

「口をつぐんだ、押し黙った」という意味の形容詞 muet の名詞形が問われている問題です。正解の mutisme「無言、無口」は形容詞からは想像しがたく、かなりの難問だったようです。辞書では、mutisme の見出しに muet への参照が指示されているものもあります。この問題については、*muette* と形容詞を女性形にしたもの、さらには *mue*、*muet*（形容詞の男性形そのままです）、*muetteté*、*muetté* などとさまざまな誤答が見うけられました。得点率は0.5%でした。

(4) **A**:「過労になる前に休みを取る計画を立てなさい」

surmené「酷使された、過労におちいった」は動詞 surmener「酷使する、過労におちいらせる」の過去分詞形が形容詞になったものです。その名詞形 surmenage「酷使すること、過労」を答えるのはかなりむずかしかったようです。*surmenance*、*surmène*、*surmenace*、*surmenade*、*surmenence* などここでも多様な誤答が認められました。得点率は19%でした。

(5) **A**:「ごみ収集がストップして通りで悪臭がする」

動詞 puer「悪臭を発する」は日常の語彙に属する語ですが、その名詞形 puanteur「悪臭」を答えられる受験者はほとんどおらず、これもきわめて難度の高い問題でした。似た形をもつ名詞としては pesanteur「重さ」があり、これは動詞 peser「～の重さをはかる」の名詞形です。誤答例としては *puée*、*pouvoir*、*puance*、*pueté* などが見られました。得点率は 0.4%でした。

問題1全体の得点率は 15%でした。

解答　(1) renom　(2) appréhension(s)　(3) mutisme
(4) surmenage　(5) puanteur

2　**解説**　多義語の問題です。2つの文 **A**、**B** のカッコ両方に入る同じ1語を選択肢から選んで解答します。

(1) **A**、**B** いずれも空欄の直前に se があるので、ともに動詞の不定法を入れて代名動詞にし、意味の通る文にする必要があります。そこで⓪ reproduire を入れるとそれぞれ **A**「この（生物）種はもう繁殖できない」、**B**「どうしてそのようなあやまちがふたたび起こりえたのかわからない」となり、文意が通ります。se reproduire の **B** の文での意味、「再発する」を知っているかどうかがポイントです。なお、se produire にも「(出来事などが) 生じる」という意味があります。得点率は60%でした。

(2) **A**、**B** ともに空欄に入る単語は定冠詞 l'（= le あるいは la）、および前置詞 d'（= de）とエリジオンするもの、つまり、母音あるいは無音の h で始まる名詞と予測がつきます。そのうえで **B** の空欄のあとには grossière と形容詞の女性形がきているので、候補は女性名詞の③ envie、⑤ étoffe にしぼられます。このうち、③ envie は **A** の文に入りそうに思われるかもしれませんが、**B** に入れても文意が通じません。⑤ étoffe ならば、**A**「彼女に偉大な映画人としての素質はない」、**B**「彼らは粗末な生地の服を着ていた」となります。得点率は 43%でした。

(3)　空欄には動詞の不定法が入ると見当をつけられるでしょう。**A** の空欄には⑦ montrer「見せる、示す」を入れることができ、かつそれを **B** の文に入れても問題なさそうに思えるかもしれませんが、finement「薄く」という副詞とうまくつながりません。しかし、**B** には④ étaler を入れると「タルト生地は薄くのばさなければならない」と意味の通る文になります。この場合、**A** の文では étaler ses connaissances「知識をひけらかす」という表現が成立し、文意は「彼は知識をひけらかすのが好きだ」となります。得点率は 44%でした。

(4)　ここでも動詞の不定法が入ります。**B** の文、とりわけ menace「脅迫」という語に注目すると、⑨ reculer「後退する、しりごみする」が入りそうに思えますが、**A** の文にはうまくあてはまりません。一方、① céder には「屈服する」のほか「たわむ」の意味もあるため、**A**「そんなに乱暴にドアを閉めたら、しまいにはたわんでしまいますよ」、**B**「そのような脅迫を前にしても屈服すべきではないのに」といずれも文意が通ります。得点率は 27%でした。

(5)　**A**、**B** の空欄はともに名詞のあとに置かれているので、形容詞が入ると予測できます。② discret、⑥ intérieur、⑧ précis のいずれも入りそうですが、もっとも適切なのは⑧ précis です。**A**「科学者はいつも正確なことばを使わなければならない」、**B**「ここがその物体がみつかったまさにその場所だ」となります。**B** の文で précis は場所についての修飾語になっていますが、時間についても用いることができ、たとえば à 8 heures précises「8時きっかりに」といった表現を作ることができます。得点率は 72%でした。

問題2全体の得点率は 49%でした。

解答　(1) ⓪　(2) ⑤　(3) ④　(4) ①　(5) ⑧

3　**解説**　文中の空欄にあてはまる適切な前置詞を選び、文を完成させる問題です。

(1)　Cette actrice est excellente (dans) les rôles tragiques.「その女優は悲劇的な役を演じるとすばらしい」

状態、状況を示す前置詞 dans（「〜な状態で」）の用法を理解しているか問う問題です。〈dans l'attente de + *qc.* あるいは不定法〉「〜（するの）を期待して」、〈dans le but (l'intention) de +不定法〉「〜するつもりで」といった表現も、状態、状況を示す前置詞 dans の機能がいかされた慣用的表現です。

(2)　Il est brave (en) paroles, mais il agit peu.「彼は口では威勢がいいがほとんど行動しない」

抽象的な場所や領域を表わす前置詞 en の用法（「〜のなかに、〜において」）を問う問題です。en のあとは一般に無冠詞の名詞がくるということを手がかりにして選ぶこともできるでしょう。設問文と同様の表現としては en mémoire「記憶に」、en tête「頭のなかに」などがあります。

(3)　J'ai saisi le petit chat (par) la peau du cou.「私は子猫を首の皮のところでつかんだ」

身体や物の部分を示す前置詞 par の用法を問う問題です。問題文のように、J'ai saisi le petit chat「私は子猫をつかんだ」と直接目的補語には対象の全体を置き、さらに par 以下でつかんだ部位を示します。たとえば、Il m'a pris par le bras.「彼は私の腕をつかんだ」のようになります。

(4)　L'homme avait baissé les yeux (vers) le sol.「男は地面に目を落としていた」

「〜の方へ」と向きや方向を表わす vers の用法を問う問題です。目は地面の方を向いているだけで地面と接してはいませんから、ここで用いるのにもっとも適しています。また、vers la liberté「自由に向かって」のように、行き先になるものが抽象的な概念であっても使うことができます。

(5) Vu (sous) cet angle, le problème prend un tout autre aspect.「この角度から見ると問題はまったくことなる様相を呈する」

前置詞 sous には「〜から見て」と視点を表わす用法があり、この問題ではこの用法の理解が問われています。この sous の用法を用いた表現としては、ほかに sous ce point de vue「この観点から」、sous ce rapport「この点では」などがあります。

得点率は(1) 63%、(2) 67%、(3) 31%、(4) 52%、(5) 12%、問題3全体では45%でした。

解答 (1) ② (2) ⑥ (3) ⑦ (4) ⓪ (5) ⑨

4 **解説** 文章の展開をたどりながら、空欄に該当する動詞を選び、適切な活用形に改める問題です。解答には動詞の法・時制、および過去分詞の一致に関する正確な知識が求められます。

出題の文章は、遊び心で立てたバス停の標識に、本当にバスが停まるようになってしまったという出来事を伝えた記事です。

(1) Au printemps dernier, il a rapporté chez lui un vieux panneau d'arrêt de bus qu'il (1) par terre dans une rue où le bus ne passait plus.

第1段落冒頭の文では John Raymond がマンチェスター近くのある村のレストランを経営していることが述べられます。そして、空欄の直前では il a rapporté chez lui un vieux panneau d'arrêt de bus「彼は自分の店に古いバス停の標識を持ってきた」とあり、そのあとに関係代名詞 qu'(que) がつづいていることから、空欄に入れるべき動詞は、「彼 (John Raymond)」を主語とし、un vieux panneau d'arrêt de bus「古いバス停の標識」を直接目的補語とすることがわかります。さらに空欄のあとが par terre dans une rue où le bus ne passait plus「もはやバスが通っていない通りの地面に」とつづいていることを考え合わせると、選択すべき動詞が trouver「みつける」であることがわかります。問題は時制ですが、「標識をみつけた」という出来事は、「標識を持ってくる」という出来事に先行して起こっていますから、il a rapporté「彼は持ってきた」という主節の直説法複合過去に対し、trouver を直説法大過去 (avait trouvé) にします。多くの受験者が trouver を選びながら適切な時制にできなかったようで、誤答としては直説法複合過去 *a trouvé* や、直説法半過去 *trouvait* が多く見うけられました。得点率は38％でした。

⑵ Or, moins de deux semaines après, il a vu son « faux » arrêt devenir un « vrai » quand le bus (　2　) à s'y arrêter.

第1段落最後の文で、John Raymond が冗談で古いバス停の標識を店の前に立てたと述べられたのち、空欄をふくむ文の前半ではその後「2週間もしないうちに彼 (John Raymond) は『にせの』バス停が『本物の』バス停になっているのに気づいた」と語られます。空欄をふくむ時を表わす従属節の主語は le bus「バス」、さらに空欄のあとには à s'y arrêter とありますから、空欄に入る動詞はあとに〈à＋不定法〉とつづけられるものと予測がつきます。ところで、語群のうち se mettre は、あとに〈à＋不定法〉をつづけて「～し始める」という意味になります。ここで、接続詞 quand は主節と従属節の内容が同時に起こっていることを表わしますから、時制は主節 (a vu) とおなじく直説法複合過去 (s'est mis) とします。誤答には se mettre を選びながらも直説法大過去 *s'était mis*、直説法半過去 *se mettait* としたものなどが確認されました。また「(バスが) 通る」という意味の動詞 passer と混同し、代名動詞 se passer を選んで *s'est passé* とした答案もかなりありました。得点率は22％でした。

⑶ Au début de l'été, la société qui gère les bus (　3　) ce village a officiellement remplacé le vieux panneau par un neuf.

空欄は主節の主語 la société を先行詞とする関係代名詞 qui によってみちびかれる関係節のなかにあること、そして主節の動詞は a remplacé であることに注目しましょう。すると、空欄には les bus を修飾する現在分詞句を形成することのできる動詞で、かつ ce village を直接目的補語としてとれるものが入るとわかります。語群にある動詞のうち、traverser を現在分詞 (traversant) にして空欄に入れると les bus traversant ce village「この村を通るバス」と意味の通る一節が完成します。ちなみに、空欄をふくむ文は「夏の初めごろ、この村を通るバスを運営する会社が、正式に古い標識を新しいものと取り替えた」という意味になります。多くの受験者が traverser を選んだようですが、*traverser* と不定法にしたり、*traversés* と過去分詞にしたり、またせっかく現在分詞にしているのに *traversants* とよけいな s がくわえられたりしたことによる誤答が認められました。得点率は 24%でした。

(4) Les bus continuent donc à s'arrêter à côté du restaurant « Eatwell », comme s'ils le (4) depuis longtemps.

慣用表現 comme si「あたかも〜であるかのように」のあとでは動詞を直説法半過去または直説法大過去にすべきだということにはすぐ思いあたるはずです。ここでは文の前半にある動詞が continuent と現在形になっていますから、空欄のなかの動詞は直説法半過去に活用すべきだろうと見当がつきます。また、動詞の選択にあたっては空欄のすぐ前にある le が中性代名詞であることに注意しましょう。すると、正解は faire の直説法半過去 (faisaient) であるとわかります。空欄をふくむ文は「そのためバスはレストラン『イートウェル』のそばに停まりつづけている、あたかもずっと前からそうしているかのように」という意味になります。誤答には comme si の用法を誤って *font* と直説法現在形にしたものや、直説法半過去だと見抜きながらもうっかり単数形にして *faisait* としたもの、直説法大過去 *avaient fait* や接続法現在 *fassent* にしたものなどが認められました。また、savoir を選んで *savaient* とした答案も散見されました。得点率は 18%でした。

(5) Quant à la clientèle de John Raymond, elle (5) par deux.

この設問では、主語人称代名詞 elle が指す名詞 clientèle の用法についての知識があるかどうかが重要なポイントとなります。clientèle は「顧客」という意味ですが、単数形で集合を表わす名詞です。さらに、par deux という一節に注目すると、この文では multiplier A par B「A を B 倍にふやす」という表現が用いられているのではないかと予測がつきます。ここでは、elle = la clientèle de John Raymond「John Raymond の顧客」がふえるわけですから、multiplier は受動態にします。また、文脈から、「John Raymond の顧客については、2 倍にふえた」と過去の完了した事実として表わすのが適当ですので、時制は直説法複合過去にするのが適切です。正解は (a été multipliée) となります。過去分詞を主語と性数一致するのも忘れないようにしましょう。なお、第 3 段落冒頭の文で述べられている出来事、すなわち標識が新しいものに取りかえられる以前にすでに顧客が倍になっていたとしても文章全体の流れと不整合を起こさないので、(avait été multipliée) と直説法大過去にしてもかまいません。誤答には*a multiplié*と能動態にしたものが4割ほど見うけられたほか、*multiplie*と直説法現在形にしたものもかなりありました。得点率は6%でした。

問題4全体の得点率は22%でした。

解答 (1) avait trouvé　(2) s'est mis　(3) traversant
(4) faisaient　(5) a été multipliée

5 **解説** 長文を読み、空欄に対応する文の一部を選択肢から選んで文を完成させる問題です。

出題の文章は、サマーキャンプ中に起こった事故を伝えたものです。

(1) 第1段落冒頭の文で「水曜日の正午少し前に、惨劇が起こった」と語られたのち、空欄をふくむ文がつづきます。Un jeune garçon de 15 ans a été écrasé par la chute d'une partie (　1　) à Lanet, dans l'Aude.「オード県のラネで、(　1　) 一部が倒れて15歳の少年がつぶされた」。この文を意味が通るように完成させるためには、空欄には③ d'un tronc d'arbre「木の幹の」を入れるとよいとわかります。得点率は82%でした。

(2) 第1段落末尾では、木の幹に押しつぶされた少年が亡くなったこと、そして第2段落冒頭では、少年がパリ近郊のオーベルヴィリエ出身で、月曜からサマーキャンプに来ていたことが語られます。さらに、少年が障がいがある子どもたちのグループに入っていたことも明かされます。このあとに空欄をふくむ文が登場します。Ce mercredi, dans le cadre d'une promenade en forêt, (　2　) s'amusaient à grimper dans un vieil arbre.「水曜日、森を散歩しているときに、(　2　) は古い木によじ登って遊んでいた」。適切な選択肢を選ぶためには次の文、とりわけquatre des cinq enfants「5人の子どもたちのうち4人は」という従属節の主語が、木によじ登って遊んでいた子どもたちを指していることに注目しましょう。選択肢① cinq adolescents, dont la victime,「犠牲者をふくむ5人の若者」、② quatre enfants et un adulte「4人の子どもと1人のおとな」、③ six handicapés, y compris la victime,「犠牲者をふくむ6人の障がい者」のうち、「子どもたちが5人いた」という情報と整合する選択肢は①とわかります。得点率は66%でした。

(3) 空欄をふくむ文が連続します。Une partie du tronc se serait soudainement arrachée selon le journal, qui indique que quatre des cinq enfants (3) choc, tandis que le dernier n'a pas eu le temps de réagir.「新聞によると、幹の一部は突然根こそぎになった模様で、5人の子どもたちのうちの4人は衝撃(3)、最後の1人は反応する時間がなかったとされる」。文脈をふまえると、選択肢① n'ont pas échappé au「～から逃がれなかった」、② ont pu éviter le「～を避けることができた」、③ ont reçu le「～を受けた」のうち、適切なのは②とわかります。得点率は67%でした。

(4) 第2段落末尾では、犠牲になった子どもが地面に落ち、折れた木の幹の一部に押しつぶされた模様であること、そして第3段落冒頭では子どもの両親が夜にオード県に到着する予定であることが語られます。このあとに空欄をふくむ文 Les gendarmes se sont (4).「憲兵は(4)した」がつづきます。選択肢の① enfuis de l'Aude「オード県から逃げた」は不自然ですし、③ rassemblés à Aubervilliers「(少年の居住地である)オーベルヴィリエに集まった」では、意味が通りません。正解は② précipités sur les lieux「現場に急行した」です。得点率は58%でした。

(5) 現場検証がおこなわれていると語られたあと、空欄(5)をふくむ文がつづきます。Les autres enfants ont tous été installés par les pompiers dans une salle de Lanet, prêtée par la commune, où ils (5) une équipe de psychologues.「ほかの子どもたちはみな、自治体が貸与したラネのホールにおり、カウンセラーチームの(5)」。文脈、すなわちカウンセラーの対応が必要な人はだれかをふまえると主語人称代名詞 ils は les autres enfants「他の子どもたち」を指すとわかります。また、選択肢① donnent des leçons particulières à「～に個人教授をする」、② rendent un petit service à「～の手伝いをする」、③ sont pris en charge par「～から面倒をみてもらう」のうち適切なのは③であることも見抜けるでしょう。得点率は69%でした。

問題5全体の得点率は69%でした。

解答 (1) ③ (2) ① (3) ② (4) ② (5) ③

6 **解説** 長文を読み、設問として示されている文の内容が本文の内容に一致するかどうかを判断する問題です。

出題の文章は、よりよく睡眠をとるために知っておくべきことについて述べています。

(1)「50年前には30歳から40歳までの成人の平均睡眠時間はひと晩6時間を超えてはいなかった」。本文の第1段落冒頭の文には Aujourd'hui en France, les adultes de 30 à 40 ans dorment une heure de moins qu'il y a 50 ans : la durée moyenne de leur sommeil est désormais de moins de sept heures par nuit.「今日のフランスでは、30歳から40歳までの成人の睡眠時間は50年前よりも1時間少ない。今や、ひと晩の睡眠時間は7時間を切っている」とあります。つまり、50年前の睡眠時間は、現在の7時間未満よりも1時間長かったのですから、設問文の「6時間を超えていなかった」という記述は本文の内容と一致しません。得点率は87%でした。

(2)「よく眠るためには、朝も夜も光に当たることが推奨される」。第2段落最初の文に、Pour cela, il faut d'abord s'exposer à la lumière au bon moment.「そのためにはまず、適切な時に光に当たる必要がある」とあります。「そのため」は、前の段落の最後の一節 se reposer davantage en dormant plus longtemps「より長く眠り、より身体を休める」ことを指します。では「適切な時」とはいつかが問題になりますが、第2段落第2文に Une forte lumière matinale aide à s'endormir tôt le soir, alors qu'une exposition le soir donne des effets inverses.「朝の強い光は夜早く眠ることを助けるが、夜に(光を)浴びると逆の効果をもたらす」とあります。したがって、設問文は本文の内容と一致しません。得点率は89%でした。

(3)「夜の間とぎれることなく眠りたいのであれば就寝前にたばこを吸ってはいけない」。第2段落第3、4文には Il faut ensuite arrêter de fumer. Fumer avant le coucher entraîne un sommeil fragmenté.「それからたばこはやめなければならない。就寝前に喫煙すると、睡眠が細切れになってしまう」とあります。したがって、設問文は本文の内容と一致しています。得点率は

92%でした。

(4) 「アルコール飲料の摂取は質のよい睡眠を保証しない」。本文第2段落第5文には、Quant à l'alcool, puisqu'il nous détend, il peut nous aider à nous endormir, mais il risque de nous réveiller en fin de nuit et de détériorer la qualité du sommeil.「アルコールについては、リラックスさせてくれるので入眠の助けとなりうるが、未明に覚醒させ、睡眠の質を落とすおそれがある」とありますから、設問文は本文の内容と一致します。得点率は89%でした。

(5) 「夜に乳製品を口にしないほうがよい」。第2段落第6文にはSachez aussi que les produits laitiers aident à nous entraîner au pays des rêves.「また、乳製品が夢の国へと誘うこともご理解ください」とありますから、設問文は本文の内容と一致しません。得点率は94%でした。

(6) 「寝室は最低でも2日に1度換気しなければならない」。第3段落第2文にはEt pour renouveler l'air de la pièce, il est nécessaire de laisser les fenêtres ouvertes au moins dix minutes par jour.「部屋の空気を入れかえるために、少なくとも1日に10分は窓を開けておくことが必要である」とありますので、設問文は本文の内容と一致しません。得点率は98%でした。

(7) 「ベッドでの読書は推奨されない」。第3段落第3文にはNous devons du reste réserver notre lit au sommeil.「さらに、ベッドは睡眠専用にしておかなければならない」とあります。そしてつづく文では、睡眠をさまたげる行為としてベッドでの映画鑑賞、読書、食事があげられていますから、設問文は本文の内容と一致します。得点率は93%でした。

(8) 「ペットがいると飼い主はよく眠るのをさまたげられることがある」。第4段落冒頭の文にはEnfin, les animaux de la maison peuvent nuire à un bon sommeil.「最後に、ペットが良質な睡眠をさまたげることがある」とありますので、設問文は本文の内容と一致しています。得点率は82%でした。

問題6全体の得点率は90%でした。

解答 (1) ② (2) ② (3) ① (4) ① (5) ②
(6) ② (7) ① (8) ①

7 **解説** 長文を読み、その内容を設問にしたがって日本語で要約する問題です。出題の文章はスーパーマーケットなしで生活することが可能か論じたものです。

(1) 第 1 段落冒頭ではまず、「スーパーマーケットなしで生活することは可能か」という問題提起がなされます。そして、実際にこの問いに答えるための試みが *Magasin du coin* というサイトの主導のもと 2018 年におこなわれたと語られます。ただし、2 万人以上のフランスの消費者がこうした実験に参加したにもかかわらず、すぐに現実の壁に直面したというのです。

設問(1)に対する正答をみちびくための鍵は、つづく第 2 段落に示されます。まずおさえるべきなのが、経済学者 Michel Bixiou 氏の発言です。Les urbains [...] fréquentent plus les petits commerces que les habitants des communes rurales, qui se rendent plutôt en hypermarché.「都市部の生活者は、地方の自治体の住民――彼らはむしろハイパーマーケットに行く――よりも個人商店によく行く」とあります。さらに、この Bixiou 氏の発言につづく文で、都市部の生活者が個人商店を選ぶ理由が補足説明されます。消費研究センター (CEC) の調査によると、pour environ la moitié des consommateurs, ce qui importe le plus reste la proximité du magasin「およそ半数の消費者にとって、依然もっとも重要なのは商店の近さだ」というのです。あくまで Bixiou 氏の発言を軸としつつ、「店の近さが消費者の買い物をする場所の選択に大きく影響する」という要素をうまく織り込んで字数内にまとめられるかが腕の見せどころとなります。得点率は 47%でした。

(2) この設問に取り組むにあたっては、第 3 段落冒頭の文で、消費者の買い物をする場所の選択には「世帯の経済状況の問題」もかかわってくると示されていることに注意しましょう。この段落ではまず、量販店よりも個人商店のほうが商品の値段が高いと指摘され、商品価格が買い物場所の選択に影響することが指摘されます。設問では「商品の値段」以外の要素をあげるように指示されていますので、これにつづく一節に注目することが重要になります。Acheter des légumes frais et non préparés implique qu'on fasse la cuisine soi-même.「新鮮で調理されていない野菜を買うと、必然的に自分で料理をすることになる」が、Bixiou 氏によると une telle habitude s'est souvent perdue chez les ménages les plus modestes「こうした習慣はもっとも収入の少ない世帯では失われていることが多い」というのです。こうした指摘を自分のことばでかみくだき、字数内に収める必要があったからか、得点率はややふるわず、37％でした。

問題7の得点率は 41％でした。

解答例　(1) 大型のスーパーより近所の個人商店に行くことが多い。(25 字)
(2) 食材を買って自分で料理をする習慣があるかどうか。(24 字)

8　**解説**　和文仏訳の問題です。

第 1 文：「9 月 22 日火曜日、目を覚ますと、部屋の中がいつもより明るい気がした。」

訳例：Le mardi 22 septembre, au réveil, l'intérieur de la chambre m'a paru plus lumineux qu'à l'accoutumée.

和文仏訳は多くの受験者が苦戦する問題ですが、基本的なフランス語の表現がマスターできていないことによる失点がめだちます。たとえば、冒頭の「 9 月 22 日火曜日」という一節について、*À* (*En*) mardi 22 septembre としている答案がめだったのはその好例です。「目を覚ますと」という一節については、解答例以外に quand je me suis réveillé(e) / à mon réveil / en me réveillant / en m'éveillant / en ouvrant les yeux と表わせますが、代名動詞 se réveiller「目を覚ます」のかわりに他動詞 réveiller「目覚めさせる」を用いて *j'ai réveillé* とした誤答もかなり見うけられました。*reveillé* といったアクサンのつけ忘れも気になりました。se réveiller のかわりに *se lever* を用いた答案も多数確認されましたが、これは「起床する」という意味の代名動詞ですので不可です。なお、第 1 文については「いつも」については、d'habitude / d'ordinaire / habituellement / ordinairement などとさまざまな書き方がありますし、「明るい」については lumineux 以外に、clair、éclairé でも可です。さらに「気がした」については、m'a semblé とすることもできます。類語をまとめて覚えると豊かな表現力が身につきますので、日ごろから仏和、和仏辞典だけでなく、仏仏辞典も意識的に参照するようにしてください。

第 2 文：「カーテンは閉まっているのにと思いながら見回すと、屋根の一部がなかった。」

訳例：« Les rideaux sont pourtant fermés », me suis-je dit en balayant la pièce du regard, quand j'ai constaté qu'un pan du toit manquait, […]

まず第 2 文では rideaux「カーテン」を英語で *curtains* とした答案がめだちました。準 1 級レベルの受験者であれば、身のまわりのものに関する基本的語彙はおさえておきたいものです。なお、「（カーテンが）閉まっている」は、fermés 以外に clos / tirés でもかまいません。「見回すと」は解答例以外に、regardant alentour / observant autour de moi / examinant les alentours などとすることができます。実際の試験では *j'ai regardé autour de ma chambre* とした答案が多数認められましたが、これでは「寝室のまわりを見た」という意味になります。「屋根の一部がなかった」は、非人称構文を用いて il manquait un pan du toit としてもよいでしょう。また、「一部」は un pan のかわりに un morceau / une partie としても可、「屋根の」は du toit のかわりに de la toiture としても可です。ところで解答例には、j'ai constaté que...「～に気づいた」という一節がふくまれ、「屋根の一部がなくなっている」という事実を確認した主体が語り手であることが明示されているのに注意しましょう。和文仏訳の勉強をしながら解答例を確認する際、このように日本語とフランス語が一対一対応していない箇所に意識的に目配りすると、フランス語らしい発想を身につけることができるでしょう。なお、j'ai constaté que... については、j'ai vu (remarqué / noté) que / j'ai pris conscience de ce que / je me suis aperçu(e) que / je me suis rendu(e) compte que としても可です。

第 3 文：「前夜の強風で飛んだらしい。」

訳例：[…] apparemment soufflé par les bourrasques de la nuit.

「前夜の」は de la nuit のかわりに、形容詞を用いて (bourrasques) nocturnes としたり、de la veille au soir / du soir précédent としたりすることができます。また、解答例にある les bourrasques は、準 1 級レベルの受

験者でもややなじみのない表現かもしれませんが、les coups de vent / les rafales de vent / le(s) vent(s) fort(s) (violent(s)) などとすることもできます。自分の知っている単語を正確につづって失点を防ぐ心がけも大切です。「～らしい」と推測を表わすには、apparemment のほかに visiblement / selon toute vraisemblance といった表現が使えます。そして「(強風で) 飛ばされる」は soufflé 以外に emporté / arraché とすることもできます。

第 4 文：「すぐに気づかなかった自分に笑ってしまった。」

訳例：J'ai ri de ne pas m'en être rendu(e) compte immédiatement.

「すぐに」は immédiatement のほか、aussitôt / de prime abord / d'entrée / tout de suite とすることもできます。「気づいた」は、解答例以外にも m'en être aperçu(e) / en avoir pris conscience / l'avoir remarqué (noté) としてもかまいません。

得点率は 21％でした。

解答例 Le mardi 22 septembre, au réveil, l'intérieur de la chambre m'a paru plus lumineux qu'à l'accoutumée. « Les rideaux sont pourtant fermés », me suis-je dit en balayant la pièce du regard, quand j'ai constaté qu'un pan du toit manquait, apparemment soufflé par les bourrasques de la nuit. J'ai ri de ne pas m'en être rendu(e) compte immédiatement.

書き取り・聞き取り試験

解説・解答

書き取り試験

解説 安定した生活のために両親の勧めにしたがって画家になる夢をあきらめ、定評のある学校に入学したにもかかわらず困窮している人の話です。

出題文は8つの文からなりますが、以下そのうちの3つについて多くの受験者がつまずいた箇所を中心に見ていくことにします。全体の得点率は46%でした。

第4文：Mais mes parents se sont opposés à ce projet et m'ont dit qu'il fallait que je m'inscrive dans une grande école pour gagner suffisamment bien ma vie.

この文ではまず、s'inscrireの接続法現在1人称単数の活用形m'inscriveが難所だったようです。2割弱の受験者が*m'inscrire*としていたほか、無回答の答案もかなりありました。義務を表わす表現il fallait「～しなくてはならなかった」は従属節で接続法を要求するという初級文法の知識をふまえれば、正答をみちびけたのではないかと思われます。さらにこのil fallaitをふくんだ一節qu'il fallaitについても、*qui fallait*、*qui il fallait*といった誤答が認められました。耳で聞き取った音声情報と、自分がつちかってきた語彙力、文法知識をもとに、どのようにつづれば正確なフランス語の文になるか考えながら3分間の見直し時間を有効に使ってほしいと思います。また、suffisamment bienという一節はこの書き取り問題全体のなかでももっともできの悪かった箇所のひとつです。3割強の受験者が*suffisament bien*とmを2つ重ねることをおこたるというパターンで失点していました。日ごろから自分の手を動かして正しいつづりを覚えるよう心がけてください。

第6文：Mon existence est devenue plus dure.

この文では半数近い受験者がdevenirの直説法複合過去est devenueについて女性単数の主語mon existenceと過去分詞の性数一致をおこたり、*est devenu*としていたのがひじょうに残念です。existenceが女性名詞でありながら、母音から始まる単語であるという事情から1人称単数の所有形容詞が

monという形で用いられているため、男性名詞という錯覚をあたえたのでしょうか。いずれにせよ、準1級レベルでは「できたはず」のところでのミスをどれだけ回避するかが合格への鍵となってきますので、名詞の性は正確に覚えること、過去分詞の性数一致を忘れないことといった基本的な注意点をつねに念頭に置いておくようにしましょう。

第7文：J'ai cependant fait des efforts et réussi à entrer dans une école qui, disait-on, garantissait à ses élèves un avenir prospère.

この文ではdisait-onが挿入句であることができなかった受験者が多かったようです。*dis-sept (17) ans*と記した答案が全体の2割弱を占めた（これでは意味をなしません）ほか、*disait on*とトレデュニオンを忘れた答案や、*dix (10) ans* とした答案、*disaiton*と聞こえた音からつづりを類推して存在しない単語を作り上げている答案などがありました。またそれと連動してつづくgarantissaitについても、une écoleを先行詞とする関係節における動詞（garantirの直説法半過去）だと見抜けなかったのか、空白にした答案、*garanti*、*garantissé*、*garantisé*、*garantiser*などと記した答案が見うけられました。sを重ねるのを忘れ、*garantisait*としたおしいミスもありました。最後に、un avenir prospèreという一節の形容詞prospèreもできがかんばしくなかった箇所のひとつです。*prosper*、*prospere*、*prospére*などさまざまなつづりミスが見うけられました。

解答 Dans mon enfance, nous vivions à la campagne. Nous avions un voisin peintre qui me donnait des leçons de dessin. Comme j'aimais beaucoup ses tableaux, j'ai voulu devenir artiste comme lui. Mais mes parents se sont opposés à ce projet et m'ont dit qu'il fallait que je m'inscrive dans une grande école pour gagner suffisamment bien ma vie. Du coup, nous avons déménagé à la capitale. Mon existence est devenue plus dure. J'ai cependant fait des efforts et réussi à entrer dans une école qui, disait-on, garantissait à ses élèves un avenir prospère. Or, 30 ans après, j'ai toujours du mal à payer mon loyer.

聞き取り試験

1

（1） Non, il est l'(　　　) de (　　　) enfants.

（2） C'est le (　　　) d'un magasin de (　　　).

（3） Il s'(　　　) à la (　　　).

（4） Parce qu'il a été (　　　) par une vidéo où Frédéric jouait des (　　　) de jazz.

（5） Non, il ne (　　　) pas encore où l'(　　　) dans son appartement.

（読まれるテキスト）

La journaliste : À 18 ans, vous êtes l'aîné des six enfants de votre famille, et vous venez de recevoir un très beau cadeau de Noël.

Frédéric : Oui, j'ai eu un piano. J'en suis vraiment content, parce que je rêvais d'en avoir un chez moi.

La journaliste : Qui vous l'a offert ? Vos parents ?

Frédéric : Non, c'est monsieur Gérard Morel, le directeur d'un magasin de musique.

La journaliste : Comment cela est-il arrivé ?

Frédéric : Tous les soirs, pour m'exercer, je jouais sur un piano en libre accès à la gare. Un jour, alors que je jouais des morceaux de jazz, un de mes amis m'a pris en vidéo.

La journaliste : Et il a mis cette vidéo sur Internet ?

Frédéric : Tout à fait. Elle a tellement impressionné monsieur Morel qu'il m'a contacté tout de suite.

La journaliste : Cela a dû être une belle surprise.

Frédéric : Oui, mais il reste à savoir où installer l'instrument dans notre petit appartement.

(読まれる質問)

un : Frédéric est-il fils unique ?
deux : Qui a donné le piano à Frédéric ?
trois : Où est-ce que Frédéric faisait ses exercices de piano avant Noël ?
quatre : Pourquoi monsieur Morel a-t-il contacté Frédéric ?
cinq : Frédéric a-t-il déjà choisi l'endroit où mettre son piano ?

解説 フランス語の対話文（インタビュー形式であることが多いです）とその内容に関する質問を聞き取り、質問に対する答えとなる空欄をうめて完成させる問題です。今回は、クリスマスのプレゼントとしてピアノをもらった少年に対するインタビューです。

(1)「Frédéricはひとりっ子か」という質問です。ジャーナリストの発言、とりわけvous êtes l'aîné des six enfants de votre famille「あなたは6人きょうだいのなかで一番年長ですね」という一節に注目しましょう。すると1つ目の空欄にはaîné（新つづり字によればainé)、2つ目の空欄には6 / sixを入れるとよいとわかります。1つ目の空欄については、*un*と記した答案が1割強ありましたが、かりに「その6人の子どもたちのうちのひとり」という意味の表現にする場合、l'un de six enfantsではなく、l'un des six enfantsとdes（前置詞deと定冠詞lesの縮約形）を用いることに注意しましょう。これ以外にも、*ainée*、*aîne*、*aînée*などおそらくはaîné (ainé)を念頭に置きながら正しくつづれなかったことによる誤答が数多く見うけられたほか、*année*と別の単語ととりちがえた答案、聞こえた音からつづりを類推した結果、*éné* と存在しない単語を記した答案が認められました。得点率は順に33%、94%でした。

(2) 「だれがFrédéricにピアノをあげたのか」という質問です。Frédéricの2つ目の発言、とりわけle directeur d'un magasin de musiqueという一節が対応しますので、1つ目の空欄にはdirecteur、2つ目の空欄にはmusiqueを入れます。この設問のできは全体としては良好だったものの、それでもdirecteurとすべきところを*dirécteur*、*director*としたり、musiqueとすべきところを*music*としたりとつづりミスによる失点が一定数確認されたのは残念です。1つ目の空欄については、directeurのかわりにpatron、responsable、gérantとしてもかまいません。得点率はいずれの空欄についても87%でした。

(3) 「Frédéricはクリスマス以前、どこでピアノの練習をしていたか」という質問です。これについては、Frédéricの3つ目の発言にあるTous les soirs, pour m'exercer, je jouais sur un piano en libre accès à la gare.「毎晩、練習のために駅で自由に使えるピアノを弾いていました」という文に着目しましょう。1つ目の空欄については、pour m'exercerという一節をもとに、質問文の動詞が直説法半過去であることをふまえexerçaitとします。かわりにentraînait、entrainaitとしてもかまいません。また、2つ目の空欄については、「駅で」という情報を伝えるべく、gareを入れましょう。1つ目の空欄については適切な時制に変換する必要があったためか、受験者はかなり苦戦したようです。*exerce*、*exercait*、*exercise*、*exercice*、*exersait*などおしいつづりミスもふくめ、じつに多様な誤答が認められました。得点率は順に8%、90%でした。

(4) 「なぜMorel氏はFrédéricにコンタクトを取ったのか」という質問です。これについてはFrédéricの3つ目の発言にあるUn jour, alors que je jouais des morceaux de jazz, un de mes amis m'a pris en vidéo.「ある日、ぼくがジャズの作品を弾いていると、友人のひとりがビデオに撮りました」という一節、そして4つ目の発言Elle a tellement impressionné monsieur Morel qu'il m'a contacté tout de suite.「そのビデオはMorel氏に強い感銘をあたえ、Morel氏はぼくにすぐにコンタクトを取ったのです」が対応します。質問に対する答えの文の主節は、Frédéric の 4 つ目の発言をもとにしつつ、Morel 氏を主語とした受動態になっていることに気をつけましょう。すると、1 つ目の空欄には impressionné が入ることがわかります。ému、touché としてもかまいません。また 2 つ目の空欄がふくまれる関係節は先に示した Frédéric の 3 つ目の発言の alors que でみちびかれる従属節の内容に対応しますので、2 つ目の空欄には morceaux を入れます。airs、compositions、musiques、pièces も可です。1 つ目の空欄については質問に対する答えの文がインタビューのどの箇所と対応するのか気づけなかった受験者が多かったようです。*pris* とした答案が 3 割強認められたほか、*appris*、*mis*、*contacté*、*regardé* などさまざまな誤答が見うけられました。*impressioné* と n を重ねることをおこたった答案も 2 割近く確認されました（同種のつづりミスでは、*imprésionné* と不適切な場所にアクサンをつけた答案も散見されました）。2 つ目の空欄については、*morceau* と単数形にした答案、*morseaux* とつづりミスをおかした答案などが認められました。得点率は順に 7%、52% でした。

(5)「Frédéric はすでにピアノを置く場所を選んでいるか」という質問です。Frédéric の最後の発言にある il reste à savoir où installer l'instrument dans notre petit appartement「小さなアパルトマンのどこに楽器（ピアノ）を置くかまだわかりません」という一節に注目しましょう。すると 1 つ目の空欄には sait、2 つ目の空欄には installer が入るとわかります。1 つ目の空欄については非人称主語 il を用いた慣用表現 il reste à savoir「～についてはまだわからない」を il ne sait pas「彼 (Frédéric) にはわからない」と書きかえるのがむずかしかったようで、*reste*、*choisi(t)*、*sais*、*savait*、*décide*、*installe* などさまざまな誤答が確認されました。2 つ目の空欄については、空欄の直前の l' が l'instrument を指す補語人称代名詞であることがわからなかった受験者が多かったようで *instrument*（*instrement* といったつづりミスもあり）と記した答案がかなりありました。それ以外にも *installe*、*installé*、*installait*、*installation*、*endroit* などといった誤答が確認されました。得点率は順に 26%、29% でした。

聞き取り 1 全体の得点率は 51% でした。

解答　(1) (aîné) (6 / six)　　(2) (directeur) (musique)

(3) (exerçait) (gare)　　(4) (impressionné) (morceaux)

(5) (sait) (installer)

2

(読まれるテキスト)

Jérôme et moi, nous venons de nous marier. Nous nous sommes rencontrés il y a deux ans, mais notre relation est un peu compliquée. J'ai rencontré Jérôme dans une fête et je suis tout de suite tombée amoureuse de lui. Je lui ai passé mon numéro de téléphone. Il m'a appelée le lendemain et m'a proposé d'aller au cinéma avec lui. J'ai été très heureuse. Mais il n'est pas venu au rendez-vous. Trois jours après, il s'est excusé en me disant que son téléphone avait été volé.

Un autre jour, il m'a invitée à dîner en ville. Mais, juste avant 20 heures, il m'a téléphoné pour me dire qu'il était un peu malade. Je lui ai dit qu'il pouvait venir quand même, mais il m'a répondu qu'il s'agissait de la grippe et qu'il risquait de me contaminer. J'ai mangé un sandwich toute seule avant de rentrer.

Jérôme est donc quelqu'un qui rate souvent ses rendez-vous. Aussi, je n'étais pas tranquille du tout le jour de notre mariage. La cérémonie devait commencer à la mairie à 14 heures. J'étais sur place à 13 heures. Comme je ne le voyais pas venir, je commençais à me faire du souci, quand, à 13 heures 50, mon téléphone a sonné. C'était lui : « Allô, Sarah, tu es où ? Je te cherche depuis des heures. » Il m'attendait dans une autre mairie !

（読まれる内容について述べた文）

un : Ça fait dix ans que Sarah connaît Jérôme.

deux : En rencontrant Jérôme pour la première fois, Sarah est tout de suite tombée amoureuse de lui.

trois : Trois jours après leur rencontre, Jérôme a proposé à Sarah d'aller au cinéma.

quatre : Pour s'excuser d'avoir manqué leur premier rendez-vous, Jérôme a raconté que son téléphone était tombé en panne.

cinq : Un soir, Jérôme a invité Sarah à manger en ville.

six : Sarah a insisté pour que Jérôme vienne dîner avec elle.

sept : Finalement, Sarah a mangé un sandwich chez elle.

huit : Le jour du mariage, Sarah était sûre que Jérôme arriverait à l'heure.

neuf : La cérémonie du mariage de Sarah et Jérôme était prévue à 14 heures.

dix : Jérôme attendait Sarah dans une église.

解 説 ある程度の長さの文章と、その内容について述べた設問文を聞き取り、後者の内容が前者と一致するかどうか判断する問題です。今回の文章は、そそっかしい男性と結婚した女性の話です。

(1) 「Sarah は Jérôme と知り合って 10 年になる」。本文第 2 番目の文前半には、Nous nous sommes rencontrés il y a deux ans [...]「私たち (Sarah と Jérôme) は 2 年前に出会った」とありますので、設問文は本文の内容と一致しません。得点率は 87%でした。

(2) 「Sarah は Jérôme に初めて出会ったとき、すぐに彼のことが好きになった」。本文第 3 番目の文には、J'ai rencontré Jérôme dans une fête et je suis tout de suite tombée amoureuse de lui.「私 (Sarah) はパーティーで Jérôme に出会い、すぐに彼のことが好きになった」とありますので、設問文は本文の内容と一致します。得点率は 98%でした。

(**3**)「出会ってから 3 日後、Jérôme は Sarah に映画に行こうと提案した」。本文第 5 番目の文には Il m'a appelée le lendemain et m'a proposé d'aller au cinéma avec lui.「彼 (Jérôme) は翌日私に電話をしてきて、いっしょに映画に行こうと提案した」とありますので、設問文は本文の内容と一致しません。得点率は 83%でした。

(**4**)「最初のデートの約束を破ったことを謝るために、Jérôme は自分の電話が故障したと話した」。本文第 8 番目の文には Trois jours après, il s'est excusé en me disant que son téléphone avait été volé.「3 日後に、彼 (Jérôme) は、電話が盗まれたと言って謝った」とありますので、設問文は本文の内容と一致しません。得点率は 84%でした。

(**5**)「ある夜、Jérôme は Sarah を外食に誘った」。本文第 9 番目の文には Un autre jour, il m'a invitée à dîner en ville.「ある夜、彼 (Jérôme) は私 (Sarah) に夕食を外で食べようと誘った」とありますので、設問文は本文の内容と一致します。得点率は 85%でした。

(**6**)「Sarah は Jérôme に自分と夕食をとりに来てくれるようにと主張した」。本文第 11 番目の文前半では Je lui ai dit qu'il pouvait venir quand même […]「私 (Sarah) はそれでも彼 (Jérôme) に来られるだろうと言った」とありますので、設問文は本文の内容と一致します。得点率は 68%でした。

(**7**)「最終的に Sarah は家でサンドウィッチを食べた」。本文第 12 番目の文には J'ai mangé un sandwich toute seule avant de rentrer.「私 (Sarah) は帰宅する前にたったひとりでサンドウィッチを食べた」とありますので、設問文は本文の内容と一致しません。得点率は 79%でした。

(**8**)「結婚式の日、Sarah は Jérôme は時間どおりに到着するだろうと確信していた」。本文第 13、14 番目の文には Jérôme est donc quelqu'un qui rate souvent ses rendez-vous. Aussi, je n'étais pas tranquille du tout le jour de notre mariage.「このようにJérômeはよくデートの約束を破る人です。ですから、私(Sarah)は結婚式の日もまったく心穏やかではありませんでした」とありますので、設問文は本文の内容と一致しません。得点率は80%でした。

(9)「SarahとJérômeの結婚式は14時からの予定だった」。本文第15番目の文にはLa cérémonie devait commencer à la mairie à 14 heures.「式は市役所で14時に始まることになっていた」とありますので、設問文は本文の内容と一致します。得点率は90%でした。

(10)「Jérômeは教会でSarahを待っていた」。本文最後の文には、Il m'attendait dans une autre mairie !「彼(Jérôme)は別の市役所で私(Sarah)を待っていた」とありますので、設問文は本文の内容と一致しません。なお、フランスでは法律上の結婚式を市役所でおこなうことも知識として知っておきましょう。得点率は94%でした。

聞き取り2全体の得点率は85%でした。

解答　(1) ②　(2) ①　(3) ②　(4) ②　(5) ①
(6) ①　(7) ②　(8) ②　(9) ①　(10) ②

1次試験配点表

筆記試験	1	2	3	4	5	6	7	8	小計	書き取り	小計	聞き取り	1	2	小計	計
	10点	5	5	10	5	16	15	14	80		20		10	10	20	120

2 次 試 験

解 説

2次試験の問題はすべて**A**、**B** 2つのテーマからなり、どちらか1つを選択します。**A**は政治や経済、社会などに関する時事的な問題、**B**はより日常的、一般的な話題を扱ったものです。今回出題されたテーマは以下の組み合わせでした。どの組み合わせが受験者に手渡されるのかは、試験直前までわかりません。

なお、通常は日本会場用の問題とパリ会場用の問題の2セットがありますが、2020年度はパリ会場での試験実施が中止されましたので、以下、日本会場用の問題についてのみ掲載、解説します。

1. **A)** 日本では、スーパーマーケットで入手可能なビニール袋は2020年7月から有料となりました。これについてどう思いますか。
   B) 安楽死、すなわち尊厳死の権利に賛成ですか、反対ですか。

2. **A)** Covid-19の感染拡大によって、わたしたちの日常生活について考えるよううながされているように思われます。あなたは何を変えるべきだと思いますか。
   B) 客は常に正しいでしょうか。

3. **A)** 今日の世界の政治指導者についてどう思いますか。
   B) UNICEFによると、貧困状態にある子どもの数は豊かな国全体で増加しています。これについてどう考えますか。

受験者は、面接の3分前に1.～3.のいずれかのテーマが書かれた紙を渡され、面接が始まるまでに**A**、**B**いずれかを選んでそのテーマについての考えをまとめておきます。入室後、面接委員（通常、フランス人と日本人の計2人）が氏名などに関してフランス語で簡単な質問をしますので、フランス語で答えてください。そのあと、選んだテーマについて3分間のexposéをおこない、つづいて、それに対する質疑応答が面接委員との間でおこなわれます（全体で約7分）。

面接委員による総合評価は以下の3点を軸にすえておこなわれます。

⑴ 受験者のexposéの内容と構成、議論の展開における論理性、適切な具体例の提示による説得力。

⑵ 面接委員からの意見や反論に的確に答え、自分の意見を展開できるインターラクティブなコミュニケーション能力。

⑶ 受験者のフランス語の質（発音、文法、語彙力、表現力など）。

受験者の全体的な傾向として、あたえられた主題について、一貫して賛成か反対かのいずれかの立場に立って意見を述べようとする傾向が強いように思われます。しかし、フランスの学校教育にはディセルタシオンの伝統があります。これはあたえられた問題について、まず賛成の立場をとる人の論拠、次に反対の立場をとる人の論拠を示したうえで、最後にそれらを総合して自分の考えを述べるというものです。こうした訓練を受けてきたフランス人面接委員にとって、物事のあるひとつの側面にしか目を向けられていない口頭発表はものたりないという印象をあたえるようです。たとえば、1. **A)** のスーパーのレジ袋有料化の問題については、有料化することの利点（ゴミの削減や地球環境保護に貢献する、など）と、問題点（つねに買い物袋を持ち歩かなければならず不便だ、万引きを助長するリスクがある、など）の双方をあげたうえで、最終的に自分がどちらの立場に立つのかを示すとよいでしょう。プラスチックごみ問題については、フランスが一足先に対策を始めていましたので、日仏の対策の違いにふれるのも内容のあるexposéを展開するうえで有効な手段であると言えるでしょう。いずれにせよ充実した発表を準備するには、日ごろから新聞や雑誌で議論されている問題に意識を向け、そこで用いられている語彙や表現をメモするなどして積極的に覚えていくことが求められます。時事的テクストを読み込む作業は、準1級から1級へのステップアップにもおおいに役立ちます。

3分間で自分の意見を述べるのは日本語でも骨が折れます。過去に出題されたテーマや実際に出題されそうなテーマについて、どのような議論が展開できそうかフランス語で文章にまとめてみるのもよい訓練になります。なお、『仏検公式ガイドブック　セレクション　準1級』に複数年の過去問をそろえました。多くの問題に取り組み、しっかり対策を練れば、自信をもって試験にのぞめます。『セレクション』もぜひ参照してください。

2021年度秋季
実用フランス語技能検定試験
筆記試験問題冊子 〈準 1 級〉

問題冊子は試験開始の合図があるまで開いてはいけません。

筆 記 試 験		10時20分 ～ 12時00分 (休憩20分)
書き取り 聞き取り	試験	12時20分から約35分間

◇**筆記試験と書き取り・聞き取り試験の双方を受験しないと欠席になります。**

◇問題冊子は表紙を含め12ページ、全部で8問題です。

注 意 事 項

1 途中退出はいっさい認めません。

2 筆記用具は**HBまたはBの黒鉛筆**(シャープペンシルも可)を用いてください。ボールペンや万年筆等でマークした解答は機械による読み取りの対象とならないため、採点されません。

3 解答用紙の所定欄に、**受験番号**と**カナ氏名**が印刷されていますから、まちがいがないか、**確認**してください。

4 **マーク式の解答は、解答用紙の解答欄にマークしてください**。たとえば、2の(1)に対して③と解答する場合は、次の例のように解答欄の③にマークしてください。

例 **2**

解答番号	解 答 欄
(1)	① ② ● ④ ⑤ ⑥ ⑦ ⑧ ⑨ ⓪

5 記述式の解答の場合、正しく判読できない文字で書かれたものは採点の対象となりません。

6 解答に関係のないことを書いた答案は無効にすることがあります。

7 解答用紙を折り曲げたり、破ったり、汚したりしないように注意してください。

8 問題内容に関する質問はいっさい受けつけません。

9 不正行為者はただちに退場、それ以降および来季以後の受験資格を失うことになります。

10 **携帯電話等の電子機器の電源はかならず切って、かばん等にしまってください**。通信機能のある時計は使用を禁じます。

11 **時計のアラームは使用しないでください。**

12 この試験問題の複製(コピー)を禁じます。また、この試験問題の一部または全部を当協会の許可なく他に伝えたり、漏えいしたりすることを禁じます(インターネットや携帯サイト等に掲載することも含みます)。

1

例にならい、次の (1) ～ (5) について、**A** のイタリック体の部分を変化させて **B** の (　　) 内に入れると、2 つの文 **A**、**B** がほぼ同じ意味になります。(　　) 内に入れるのにもっとも適切なフランス語 (各 1 語) を、解答欄に書いてください。(配点　10)

(例) **A** Son dernier livre n'était pas *intéressant*.
B Son dernier livre était sans (　　).

解答：intérêt

(1) **A** En buvant autant, il ne pourra pas *maintenir* sa santé.
B Sa consommation d'alcool rendra impossible le (　　) de sa santé.

(2) **A** Il a conduit si *imprudemment* qu'il a eu un accident.
B Une telle (　　) dans sa conduite a entraîné un accident.

(3) **A** L'action de cette pièce de théâtre *se déroule* en Grèce.
B Dans cette pièce de théâtre, le (　　) de l'action se situe en Grèce.

(4) **A** Leur prononciation n'est pas du tout *parfaite* !
B Leur façon de prononcer est loin de la (　　) !

(5) **A** Si je lui fais confiance, c'est parce qu'elle est *aimable*.
B Son (　　) m'a poussé à lui faire confiance.

(解説・解答 ▶ p.204)

2

次の (1) ～ (5) について、**A**、**B** の（　　）内には同じつづりの語が入ります。（　　）内に入れるのにもっとも適切な語を、下の ① ～ ⓪ のなかから 1 つずつ選び、解答欄のその番号にマークしてください。ただし、同じものを複数回用いることはできません。（配点　5）

(1) **A** Ce travail est très (　　) sur le plan psychologique.
　B Hier matin, je me suis senti l'estomac un peu (　　).

(2) **A** Comment me débarrasser du (　　) que j'ai sur le visage ?
　B N'appuyez sur ce (　　) qu'en cas d'urgence.

(3) **A** Il a fallu (　　) le cheval qui avait la jambe cassée.
　B Je voudrais (　　) la lecture de ce roman avant la fin du mois.

(4) **A** Il a retrouvé son chat dans un coin (　　).
　B Malgré ses efforts, son exposé restait (　　) pour nous.

(5) **A** Il faut (　　) la route pour préserver le monument historique.
　B Je me demande comment (　　) cette fille de son copain.

① achever　② bouton　③ détourner　④ éliminer　⑤ exigeant
⑥ guérir　⑦ lourd　⑧ mal　⑨ noir　⓪ obscur

（解説・解答 ▶ p.205）

3　次の (1) ～ (5) の (　　) 内に入れるのにもっとも適切なものを、下の ① ～ ⓪ のなかから 1 つずつ選び、解答欄のその番号にマークしてください。ただし、同じものを複数回用いることはできません。(配点　5)

(1) Beaucoup de gens recourent de nos jours à l'achat (　　) crédit.

(2) Ce garçon est déchargé (　　) cette tâche.

(3) Il a vu un ours, et, (　　) le coup, il est resté immobile.

(4) Le récit de cette explosion fait froid (　　) le dos.

(5) Nous avons estimé (　　) gros les frais de voyage en France.

① à	② chez	③ dans	④ de	⑤ depuis
⑥ dès	⑦ en	⑧ entre	⑨ envers	⓪ sur

(解説・解答 ▶ p.207)

4　次の文章を読み、(1) ～ (5) に入れるのにもっとも適切なものを、下の語群から1つずつ選び、必要な形にして解答欄に書いてください。ただし、同じものを複数回用いることはできません。(配点　10)

De fortes pluies sont tombées mardi sur la ville de Tanger, au Maroc, avec un cumul de 100 mm entre sept et seize heures. Elles (1) d'importantes inondations et de nombreux dégâts matériels, mais hier encore, on croyait qu'elles n'avaient pas fait de victime. Or l'hebdomadaire local vient de nous apprendre que déjà cinq personnes (2) par noyade, et qu'il y a eu plus de 20 blessés.

D'après le même journal, ces inondations ont endommagé quelque 270 maisons dans plusieurs quartiers, en (3) une douzaine de voitures. Un habitant a raconté au journaliste : « Si la météo avait annoncé des pluies aussi abondantes, il nous (4) facile de prendre des précautions. À quoi sert le service météorologique si on ne nous prévient pas à temps ? »

Toutes les ressources nécessaires ont été mobilisées afin que les Tangérois (5) faire face à la catastrophe.

causer	déplacer	devoir	être
mourir	permettre	placer	pouvoir

(解説・解答 ▶ p.208)

5　次の文章を読み、(1) ~ (5) に入れるのにもっとも適切なものを、それぞれ右のページの ① ~ ③ のなかから1つずつ選び、解答欄のその番号にマークしてください。(配点 5)

Pour aider les étudiants qui se retrouvent isolés à cause de la crise du coronavirus*, l'association *Lutte contre l'isolement* organise des repas partagés dans des familles bordelaises.

« On a passé un très agréable moment de partage », se félicite madame Bensoussan qui a accueilli Adrien, étudiant en école d'ingénieurs, à l'heure du déjeuner dimanche. « J'ai senti que cela lui faisait du bien de sortir de sa chambre étudiante, et (1) ». Adrien confirme que le déjeuner s'est bien passé. Il a d'ailleurs déjà accepté une invitation pour le week-end prochain. La rencontre a été rendue possible (2) lancée par l'association, avec le soutien de la ville de Bordeaux. Une cinquantaine de familles bordelaises sont volontaires et une vingtaine d'étudiants (3) par ce projet qui a commencé il y a une semaine.

Parmi les étudiants prêts à partager le repas d'une famille inconnue, il y a des étrangers vivant loin de leur pays d'origine, et un nombre important d'élèves de première année (4). « Les familles nous remercient d'avoir conçu ce programme car elles se demandaient comment aider les étudiants », dit Patricia Durand, responsable de l'association.

Lutte contre l'isolement a aussi (5) : « On aimerait proposer des balades collectives pour que les familles emmènent les étudiants à Arcachon ou à Saint-Émilion. Il y a beaucoup de choses à faire, avec le retour des beaux jours. Le coronavirus pollue la vie, mais il peut également donner naissance à des entreprises positives », conclut Patricia Durand.

* coronavirus : コロナウィルス

(1) ① d'accueillir des étudiants
② de rentrer chez ses parents
③ d'être dans une ambiance familiale

(2) ① avant l'accusation
② grâce à l'initiative
③ malgré la tentative

(3) ① étaient exclus
② seront obtenus
③ se sont montrés intéressés

(4) ① dont les parents habitent près de chez eux
② qu'elles invitent à dîner de temps en temps
③ qui n'ont pas eu le temps de se faire des amis

(5) ① d'autres idées
② des ennuis d'argent
③ une vive appréhension

(解説・解答 ▶ p.210)

6　次の文章を読み、右のページの (1) ～ (8) について、文章の内容に一致する場合は解答欄の ① に、一致しない場合は ② にマークしてください。(配点　16)

Souhaitant attirer l'attention des touristes sur les problèmes environnementaux*, la mairie d'Amsterdam a décidé de soutenir une compagnie de croisière locale, appelée *Plastic Dolphin*. Cette société organise en effet depuis 2016 une « pêche au plastique » pour les visiteurs sensibles au développement durable. Pour les passagers de la croisière, l'objectif consiste à ramasser avec des filets** autant d'ordures plastiques que possible pendant un tour de deux heures sur les canaux de la ville. Entre 2016 et 2018, l'activité intéressait moins de 2 000 personnes par an, mais en 2019, près de 20 000 « pêcheurs » y ont participé.

Mark Blok, gérant de *Plastic Dolphin*, a inventé ce programme pour débarrasser les canaux des saletés mais aussi pour en tirer profit : le plastique récupéré sert de matière première à la fabrication de mobilier de bureau ainsi qu'à la construction de bateaux, eux-mêmes utilisés pour les tours sur les canaux !

La clientèle touristique n'est pas la seule responsable de la pollution, selon Mark Blok, qui reconnaît que certains habitants de la capitale ne respectent pas suffisamment l'environnement. Ainsi, en janvier 2021, les canaux étaient toujours couverts d'ordures, même après une année sans touristes. En tout cas, Mark Blok espère que le nombre des passagers de ses bateaux augmentera de nouveau avec la réouverture des frontières***.

* environnemental : 環境の
** filet : 網
*** réouverture des frontières : 国境封鎖解除

(1) L'intention de la mairie d'Amsterdam était d'inciter les touristes à se préoccuper des problèmes de l'environnement.

(2) Chaque passager de la croisière doit ramasser au moins 500 grammes d'ordures par visite.

(3) Le nombre de participants annuels à la « pêche au plastique » n'a pas dépassé 2 000 au cours des trois premières années.

(4) L'objectif de Mark Blok n'est pas seulement de nettoyer les canaux mais aussi de réaliser des bénéfices.

(5) Le plastique ramassé par les bateaux de croisière est par exemple utilisé pour construire des bateaux.

(6) Les touristes ne sont en rien responsables de la pollution des canaux selon Mark Blok.

(7) Une année sans touristes a rendu les canaux d'Amsterdam propres.

(8) Mark Blok souhaite avoir plus de clients après la réouverture des frontières.

（解説・解答 ▶ p.212）

7　次の文章を読み、右のページの (1) ～ (3) に、指示にしたがって**日本語**で答えてください。句読点も字数に数えます。

解答欄は解答用紙の裏面にあります。(配点　15)

Publier sur les réseaux sociaux* des posts** au sujet de ses enfants est devenu fréquent. Une question se pose pour les parents : les commentaires qu'ils laissent en ligne pourront-ils faire du tort à leurs enfants ? On critique souvent les gens qui ne font pas attention à la vie privée et donc aux préoccupations de leurs enfants. Mais on ne devrait pas attaquer de cette manière tous les parents et leurs comportements sur les réseaux sociaux. Il faut en effet se rappeler que, de tout temps, les gens ont écrit dans des journaux intimes les événements de leur vie quotidienne, et collé des photos dans leurs albums. De ce point de vue, le phénomène qui provoque aujourd'hui de vives réactions n'a rien de nouveau. On peut souligner par ailleurs que le fait de réunir des documents et de partager la vie de leurs enfants sur les réseaux sociaux permet aux parents de jouer plusieurs rôles : enfant, ami, parent ou encore collègue. Écrire en ligne peut les aider à s'exprimer comme ils veulent et à développer des liens avec d'autres parents.

Cependant, alors que les photos des albums de famille ne sont visibles que quand vous décidez de les montrer, les posts d'images que vous mettez sur Internet peuvent être vus par tous ceux qui consultent votre profil. Et ce ne sont pas uniquement vos amis qui s'y intéressent : des entreprises exploitent les images mises en ligne sur Instagram ainsi que les vidéos de YouTube pour réunir toutes sortes de données*** sur les individus, dégager des modèles et les utiliser pour influencer le comportement des gens. Il faut tenir compte de ce « capitalisme de surveillance » et réfléchir à la façon de mieux protéger notre vie privée.

* réseaux sociaux : SNS
** post : 投稿
*** données : データ

(1) SNS で子どもの写真を公開する親をかならずしも非難できない理由として、筆者があげている古くからの習慣の例は何ですか。(25 字以内)

(2) 筆者によれば、親がネットで自分の子どもの生活を公開することにはどのようなメリットがありますか。(25 字以内)

(3) 私生活の保護をよく考えるべきだと筆者が主張する理由は何ですか。(50 字以内)

(解説・解答 ▶ p.215)

8

次の文章をフランス語に訳してください。
解答欄は解答用紙の裏面にあります。(配点　14)

きょうの午後、久しぶりに外出をした。そこそこ長い時間歩いてから家に帰ったら、思った以上に足が疲れていた。靴の重さを足が忘れてしまっていたようだ。あしたから毎朝、近所の川沿いを散歩しよう。

(解説・解答 ▶ p.217)

2021年度秋季
実用フランス語技能検定試験
聞き取り試験問題冊子　〈準 1 級〉

書き取り・聞き取り試験時間は、
12 時 20 分から約 35 分間

先に書き取り試験をおこないます。解答用紙表面の書き取り試験注意事項をよく読んでください。書き取り試験解答欄は裏面にあります。

この冊子は指示があるまで開かないでください。

◇**筆記試験と書き取り・聞き取り試験の双方を受験しないと欠席になります。**

◇問題冊子は表紙を含め 4 ページ、全部で 2 問題です。

書き取り・聞き取り試験注意事項

1　途中退出はいっさい認めません。

2　書き取り・聞き取り試験は、CD・テープでおこないます。

3　解答用紙の所定欄に、**受験番号**と**カナ氏名**が印刷されていますから、まちがいがないか、**確認**してください。

4　CD・テープの指示にしたがい、中を開いて、日本語の説明をよく読んでください。フランス語で書かれた部分にも目を通しておいてください。

5　解答はすべて別紙の書き取り・聞き取り試験解答用紙の解答欄に、**HB または B の黒鉛筆**（シャープペンシルも可）で記入またはマークしてください。ボールペンや万年筆等でマークした解答は機械による読み取りの対象とならないため、採点されません。

6　問題内容に関する質問はいっさい受けつけません。

7　**携帯電話等の電子機器の電源はかならず切って、かばん等にしまってください。**通信機能のある時計は使用を禁じます。

8　**時計のアラームは使用しないでください。**

9　この試験問題の複製（コピー）を禁じます。また、この試験問題の一部または全部を当協会の許可なく他に伝えたり、漏えいしたりすることを禁じます（インターネットや携帯サイト等に掲載することも含みます）。

書き取り・聞き取り試験

（試験時間：約 35 分間）

書き取り試験

注意事項

フランス語の文章を、次の要領で 3 回読みます。全文を書き取ってください。

- 1 回目は、ふつうの速さで全文を読みます。内容をよく理解するようにしてください。
- 2 回目は、ポーズをおきますから、その間に書き取ってください（句読点も読みます）。
- 最後に、もう 1 回ふつうの速さで全文を読みます。
- 読み終わってから 3 分後に、聞き取り試験にうつります。
- 数を書く場合は、算用数字で書いてかまいません。（配点　20）

［ 音声を聞く順番 ］　㉒ → ㉓ → ㉒

（解説・解答 ▶ p.220）

聞き取り試験

1

- まず、Nathalie へのインタビューを聞いてください。
- つづいて、それについての 6 つの質問を読みます。
- もう 1 回、インタビューを聞いてください。
- もう 1 回、6 つの質問を読みます。1 問ごとにポーズをおきますから、その間に、答えを解答用紙の解答欄にフランス語で書いてください。
- それぞれの (　　　) 内に 1 語入ります。
- 答えを書く時間は、1 問につき 10 秒です。
- 最後に、もう 1 回インタビューを聞いてください。
- 数を記入する場合は、算用数字で書いてください。
  (メモは自由にとってかまいません) (配点　10)

［ 音声を聞く順番 ］　㉔ → ㉕ → ㉔ → ㉖ → ㉔

(1)　Elle a vu une chose qui (　　) à un (　　) humain.

(2)　Elle faisait une (　　).

(3)　Elle a envoyé des (　　) inspecter les (　　).

(4)　Une pomme de terre sur laquelle (　　) des (　　).

(5)　Elle était (　　) d'avoir téléphoné à la police.

(6)　Elle a (　　) Nathalie de l'avoir (　　).

(解説・解答 ▶ p.222)

2

- まず、Aline の話を 2 回聞いてください。
- 次に、その内容について述べた文 (1) ～ (10) を 2 回通して読みます。それぞれの文が話の内容に一致する場合は解答欄の ① に、一致しない場合は ② にマークしてください。
- 最後に、もう 1 回 Aline の話を聞いてください。
(メモは自由にとってかまいません) (配点　10)

[音声を聞く順番]　㉗ → ㉗ → ㉘ → ㉘ → ㉗

(解説・解答 ▶ p.226)

2 次 試 験

試験方法

○ 2 次試験は個人面接です（面接時間：約 7 分）。

○各自の試験開始予定時刻の 3 分前にテーマを 2 題渡します。この 3 分間に、渡された 2 題のテーマのうちいずれか 1 題について考えをまとめておいてください。

○指示にしたがい試験室に入室し、はじめに氏名等についてフランス語で簡単な質問がありますから、フランス語で答えてください。

○次に選択したテーマについて、3 分間、フランス語で自由に述べてください。つづいて、その内容についてフランス語で質問がありますから、フランス語で答えてください。時間の余裕があれば、一般会話をおこなうことがあります。

＊注意＊
- テーマが渡されてから、辞書・参考書類を使ったり、音読したり、他の人と相談したりしないでください。
- 試験室入室前に携帯電話の電源を切ってください。

2021 年度は以下の問題のうちから、試験本部が選択したものを会場でお渡ししました。

次のテーマのうち、いずれか1題について考えをまとめておいてください。

【日本】

1.

A) Êtes-vous pour ou contre le pass sanitaire ?

B) Selon vous, quels sont les changements que l'intelligence artificielle apportera à notre société ?

2.

A) À quoi servent les Jeux olympiques ?

B) Au Japon, il y a de moins en moins d'enfants, mais les enseignants de l'école primaire ont de plus en plus de travail. Qu'en pensez-vous ?

3.

A) Pensez-vous que le Japon est toujours un pays riche ?

B) Voudriez-vous voyager dans l'espace si vous le pouviez ?

(解説 ▶ p.230)

2021年度準1級

2021年度の出願者は918名（うち実受験者は811名）で、1次試験の合格者は218名、対実受験者の合格率は26.9%でした。1次試験免除者30名をくわえた248名のうち231名が2次試験を受験し、1次試験・2次試験の両方に合格した最終合格者数は184名、対実受験者の最終合格率は22.3%となっています。

1次試験の平均点は64点（満点は120点）、得点率は53%で、過去5回の平均を上まわりました。

出題内容のあらまし

1 次試験

[筆記]

1 動詞・形容詞の名詞化（穴うめ・記述）
2 多義語（穴うめ・選択）
3 前置詞（穴うめ・選択）
4 説明文（モロッコのタンジェで起こった洪水の話／動詞を選択活用／穴うめ・記述）
5 説明文（新型コロナウイルスの流行で孤立した学生のための食事会／穴うめ・選択）
6 説明文（アムステルダムのごみ拾いクルーズの話／内容一致・選択）
7 説明文（自分の子どもの写真を SNS に投稿する親／日本語による内容要約・記述）
8 和文仏訳（久しぶりに外を長く歩いた人の話／記述）

[書き取り]　談話文（祖母の日のお祝いがなくなったかわりにグルメセットがプレゼントされた話）

[聞き取り]

1 対話文（人の足に見えるジャガイモをみつけて警察を呼んだ女性に対するインタビュー／穴うめ・記述）
2 談話文（区役所で清掃員として働いていた女性の話／内容一致・選択）

2 次試験（個人面談方式）受験者は試験室入室 3 分前に渡される 2 つのテーマのどちらか 1 つを選択し、それについて考えをまとめておく。試験室では、選択したテーマについて 3 分間の exposé（口頭論述）をおこない、つづいて面接委員との間にそれに関連した質疑応答がある。（試験時間約 7 分間）

1 次 試 験

筆記試験

解説・解答

1 **解説** 名詞化の問題です。2つの文 **A**、**B** がほぼ同じ意味になるように、**A** の文中のイタリック体で示された語（動詞・形容詞・副詞）を派生関係にある名詞に書きかえます。

(1) **A**：「あれほど飲んでいては、彼は健康を維持できないだろう」

maintenir「維持する」という動詞の名詞形を問う問題です。*maintenance* という回答が多く見られましたが、この語は「（機械などの）整備、保全」を意味するので、文脈に合いません。*maintenant* や *maintenu* という誤答も見られました。

正解は maintien です。同様の変化をする語として entretenir → entretien や soutenir → soutien があります。得点率は37％でした。

(2) **A**：「彼はあまりにも軽率に運転していたので、事故を起こしてしまった」

imprudemment は形容詞 imprudent「軽率な」の副詞形です。-ent(e) で終わる形容詞の名詞化が -ence になる語は、différent(e) → différence、intelligent(e) → intelligence のように少なくありません。正解は imprudence です。*imprudance* という誤答が見られました。得点率は68％でした。

(3) **A**：「この戯曲の筋《すじ》はギリシャで展開する」

dérouler（または代名動詞 se dérouler）の名詞化を問う問題です。正解は déroulement です。語尾 -ment には副詞を作るものと、名詞を作るものがあるので注意しましょう。名詞化の例としては、étonner → étonnement や vieillir → vieillissement などがあげられます。*dérouleur* などの誤答が見られました。得点率は67％でした。

(4) **A**：「彼らの発音はぜんぜん完璧《かんぺき》じゃない！」

形容詞 parfait(e) は基本語彙ですが、名詞化 perfection を答えるのはやさしくなかったようです。語尾が -tion となる名詞はたくさんありますが、名詞化の際には他の部分のつづりにも注意しましょう。*parfection* のほか、*parfait*、*parféction* や *parfaitement* という誤答が見られました。得点率は 19%でした。

(5) **A**：「私が彼女を信頼しているのは、彼女が親切だからです」

形容詞 aimable の名詞化を問う問題です。「～できる」を表わす形容詞語尾 -able の名詞化は -abilité ですが、問われている語は不規則な変化をするためにむずかしかったようです。正解は amabilité です。*aimabilité* や *aimablité* という誤答が多数見られ、ほかにも *amitié* や *amour* という誤答もありました。得点率はもっとも低く、5%にとどまりました。

問題1全体の得点率は 39%でした。

解答 (1) maintien　(2) imprudence　(3) déroulement
(4) perfection　(5) amabilité

2

解説 多義語の問題です。2つの文 **A**、**B** の空欄両方に入る同じ1語を選択肢から選んで解答します。

(1) **A** の空欄は très のあと、**B** は属詞の位置であり、ともに形容詞が入ると予想できます。**A** の travail「仕事」には⑤ exigeant「無理の多い」、⑦ lourd「つらい、大変な」のどちらもあてはまりそうですが、**B** の estomac「胃」に exigeant はふさわしくありません。したがって、正解は⑦ lourd となります。文意は、**A**「この仕事は心理面でとてもつらい」、**B**「きのうの朝、胃が少し重たいと感じた」となります。得点率は 59%でした。

(2) **A**、**B** ともに空欄には名詞が入ることがわかります。**A** には「吹き出物」の意味の② bouton、「痛み」の意味の⑧ mal のいずれを入れてもよさそうですが、**B** の文に入れても意味が通るのは② bouton で、こちらは「ボタン」の意味です。**A**「顔の吹き出物をどうやったらやっかいばらいできるだろう」、**B**「緊急時以外にはこのボタンを押さないでください」となります。なお bouton にはドアの「ノブ」や、花の「つぼみ」の意味もあります。準 1 級の受験者には取り組みやすい問題だったようで、得点率は 91%でした。

(3) **A** の空欄は Il a fallu のあと、**B** は Je voudrais のあとなので、動詞の不定法が入ると見当がつきます。**A** の cheval「馬」については「とどめをさす」の意味の ① achever と、⑥ guérir「治す」のいずれもが入りそうですが、**B** の lecture にもつながるのは ① achever で、こちらは「終わらせる」という基本的な意味です。文意はそれぞれ、「脚をけがした馬にとどめをささなければならなかった」、**B**「月末までにこの小説を読み終えてしまいたいのだけれど」となります。得点率は 44%でした。

(4) **A** では名詞のあと、**B** では属詞であることから、空欄には形容詞が入ると推測できます。**A** の coin「隅」には、「暗い」の意味で ⑨ noir、⓪ obscur のどちらもつながりそうですが、**B** の文を見ると、exposé「説明」につながるのは ⓪ obscur「難解な」だとわかります。**A**「彼は暗い隅で自分の猫をみつけた」、**B**「努力したにもかかわらず、彼（女）の説明は私たちには難解なままだった」となります。なお noir は「不吉な」や「険悪な」などの意味をもつこともあります。得点率は 65%でした。

(5) **A** は Il faut のあと、**B** は間接疑問文で comment のあとが空欄なので、ともに動詞の不定法が入ります。**A** の route「通り」には ③ détourner「迂回《うかい》させる」、④ éliminer「取り除く」のどちらもつながりそうですが、**B** に入れても文意が通るのは ③ détourner で、ここでは détourner A de B「B から A を引き離す」の意味になります。したがって **A**「歴史的建造物を保存するために、道路を迂回させなければならない」、**B**「どうやってあの娘を彼氏から引き離そうかと思案している」となります。得点率は 62%でした。

問題2全体の得点率は 64%でした。

解答　(1) ⑦　(2) ②　(3) ①　(4) ⓪　(5) ③

3 **解説** 文中の空欄にあてはまる適切な前置詞を選び、文を完成させる問題です。

(1) Beaucoup de gens recourent de nos jours à l'achat (à) crédit.「今日、多くの人がクレジットでの購入を利用している」

à crédit「掛けで、クレジットで」という表現を知っているかが問われています。反対語は au comptant「現金で、キャッシュで」です。どちらも前置詞 à は手段を表わしており、écrire au crayon「鉛筆で書く」、lampe à pétrole「灯油ランプ」、arme à feu「火器」などと同様の用法です。得点率は31%でした。

(2) Ce garçon est déchargé (de) cette tâche.「その少年はその仕事を免除された」

décharger A de B「B から A を解放する、免除する」という用法で、ここでの de は「〜から」と離脱を表わします。arracher un clou de la muraille「壁から釘を抜く」などと同様の用法です。得点率は58%でした。

(3) Il a vu un ours, et, (sur) le coup, il est resté immobile.「彼は熊を目撃し、ただちに動くのをやめてじっとしていた」

sur le coup「ただちに」という表現です。この sur は時間的に「〜の直後に」を表わし、être pris sur le fait「現行犯で捕えられる」のように使います。得点率は22%でした。

(4) Le récit de cette explosion fait froid (dans) le dos.「その爆発の話を聞くと背筋が寒くなる」

dans le dos で「背中に」という意味になります。この dans は「〜に」と位置を表わす基本的な用法ですが、日本語とはとらえかたがちがうので注意が必要でしょう。tirer *qn* dans le dos「〜の背後から撃つ」のように使います。得点率は22%でした。

(5) Nous avons estimé (en) gros les frais de voyage en France.「私たちはフランス旅行の費用をおおざっぱに見積もった」

状態、様態を表わす前置詞 en の用法（「〜の状態で」）を問う問題です。

en gros はここでは「おおざっぱに、おおまかに」という意味ですが、「太く」や、「卸《おろし》で、大量に」という意味で使われることもあります。得点率は51%でした。

問題3全体の得点率は37%でした。

解答 (1) ① (2) ④ (3) ⓪ (4) ③ (5) ⑦

4

解説 文章の展開をたどりながら、空欄に該当する動詞を選び、適切な活用形に改める問題です。解答には動詞の法・時制、および過去分詞の一致に関する正確な知識が求められます。

出題の文章は、モロッコのタンジェで起こった洪水を報じる記事です。

(1) Elles (1) d'importantes inondations et de nombreux dégâts matériels, mais hier encore, on croyait qu'elles n'avaient pas fait de victime.

文章は「火曜日にモロッコのタンジェで大雨が降り、7時から16時の間に降水量は100ミリメートルに達した」という文から始まっています。2文目の主語 Elles は前文の pluies をうけており、空欄のうしろに「大規模な洪水と多くの物的被害」がつづくことから、「引き起こす」という意味の動詞 causer が入るとわかるでしょう。また、冒頭の文 De fortes pluies sont tombées の時制は複合過去でした。ここもおなじく過去のことを述べているので、複合過去にする必要があります。したがって (ont causé) が正解です。「大雨によって大規模な洪水と多くの物的被害がもたらされたが、きのうの時点ではまだ人々は犠牲者は出ないだろうと思っていたのである」

誤答には主語を単数とまちがえて *a causé* としたものや、大過去形 *avaient causé* としたものなどが見られました。大過去を使用すると、雨が降るより前に洪水が起こったことになります。出来事を時間の順序にしたがって述べるときには、複合過去を連続させるのが基本です。得点率は53%でした。

(2) Or l'hebdomadaire local vient de nous apprendre que déjà cinq personnes (2) par noyade, et qu'il y a eu plus de 20 blessés.

「ところが地元の週刊誌が伝えるところでは」と文が始まっています。人々は犠牲者は出ないと思っていたが、実際には出てしまったという内容ですから、空欄には mourir「死ぬ」が入るとわかるでしょう。「亡くなった」のは週刊誌が伝えるより前の出来事なので、時制は複合過去になります。mourir の複合過去形には助動詞 être を用い、主語 personnes は女性名詞複数形なので、(sont mortes) が正解です。ただし主節の動詞 vient de nous apprendre は近接過去ですので、大過去 (étaient mortes) でも問題ありません。「ところが地元の週刊誌が伝えたところでは、すでに5人が溺死《できし》し、20人以上の怪我人が出たという」

誤答には、*sont morts* や *étaient morts* と男性形にしたものが見られました。得点率は32%でした。

(3) D'après le même journal, ces inondations ont endommagé quelque 270 maisons dans plusieurs quartiers, en (3) une douzaine de voitures.

「同じ新聞によれば、この洪水は複数の地区にわたる約270軒の家に損害をあたえ」とあり、空欄の前には en があります。en は中性代名詞の可能性もありますが、空欄のうしろの「10台ほどの車」は、先行する「約270軒の家」と直接的な関係はなさそうです。したがってこの en は中性代名詞ではなく、前置詞と考えなければなりません。すると空欄には現在分詞が入り、ジェロンディフを形成するとわかります。洪水が自動車を流してしまったのだと推測できるので、déplacer「移動させる」が選べます。正解は (déplaçant) です。「同じ新聞によれば、この洪水は複数の地区にわたる約270軒の家に損害をあたえ、10台ほどの車を流し去ったという」

誤答としてはセディーユを忘れた *déplacant* が多かったほか、*ayant déplacé* と複合形にしたものもありました。通常、ジェロンディフでは複合形は用いません。得点率は40%でした。

(4) Si la météo avait annoncé des pluies aussi abondantes, il nous (4) facile de prendre des précautions.

「ある住人は記者に語った」とあり、話の内容が記されています。空欄の前後 il nous と形容詞 facile から、非人称構文だと推測できます。実際、選択肢に être があるので、これを選べばいいでしょう。時制はどうでしょうか。「天気予報がこれほどの大雨だと告げていたなら」と、条件節は大過去になっているので、主節は推測を表わす条件法であり、過去を表わすために過去形にする必要があります。正解は (aurait été) です。「天気予報がこれほどの大雨だと告げていたなら、私たちが用心することも容易だっただろう」

動詞 permettre を選び、*aurait permis* などとした誤答が多く見られましたが、形容詞 facile があるので、ここでは使用できません。être を条件法現在にし、*serait* とした誤答もありましたが、現在についての推測になり、文脈に合いません。得点率は18%でした。

(5) Toutes les ressources nécessaires ont été mobilisées afin que les Tangérois (　5　) faire face à la catastrophe.

「ちょうどよいときに警告してくれないなら、気象予報はなんの役に立つというのだ」という住人のことばを紹介したあとに、次の文がつづきます。「必要なあらゆる手段が駆り集められた」とあるので、住民たちが大災害に対処できるように、といった意味がつづくと推測できます。faire face à *qch* は「〜に立ち向かう、対処する」という意味の熟語であり、動詞 faire が存在するので、空欄には pouvoir「〜できる」が入るとわかります。ここで注意しなければならないのは afin que「〜するために」です。afin que を用いた副詞節のなかでは動詞は接続法なので、正解は (puissent) となります。「タンジェの住民が大災害を克服できるように、必要なあらゆる手段が駆り集められた」

誤答には devoir を選んで *doivent* としたものや、pouvoir を接続法過去 *aient pu* としたものなどがありました。主節は複合過去ですが、「手段が駆り集められる」のと「住民が大災害を乗り越える」のとの間に時間差は存在しないので、接続法過去は不可です。接続法半過去 (pussent) は可能ですが、古い用法であり、現在では新聞記事などで使用することはほぼありません。得点率は36%でした。

問題[4]全体の得点率は36%でした。

解答　(1) ont causé　(2) sont mortes　(3) déplaçant
(4) aurait été　(5) puissent

5　**解説** 長文を読み、空欄に対応する文の一部を選択肢から選んで文を完成させる問題です。

出題の文章は、新型コロナウイルスの流行で孤立した学生のために、ボルドーでおこなわれたボランティアの家族との食事会についてのものです。

(1) 第1段落では、「孤立との戦い」という団体が学生のために食事会を開催したと述べられています。第2段落では参加者のBensoussan夫人の感想が記され、理工科学校の学生Adrienが「勉強部屋から外に出ること」と、空欄部分との2つのことが「彼にとってよかったと思う」とあります。① d'accueillir des étudiants「学生を迎えること」は夫人にかかわることなのでおかしく、② de rentrer chez ses parents「両親のもとへ帰ること」も内容にふさわしくありません。したがって正解は③ d'être dans une ambiance familiale「家族的な雰囲気のなかで過ごすこと」となります。あとの文では、Adrien自身も食事会はよかったし、すでに次の週末の招待も受けたと述べています。得点率は85%でした。

(2) 次の文ではまず「この出会いは可能になった」とあり、空欄のあとには「ボルドー市の支援を得て、団体によって発された～」とつづきます。食事会を企画したのは「孤立との戦い」という団体であることは冒頭から述べられているので、選択肢を選ぶのはむずかしくないでしょう。① avant l'accusation「非難より前に」や、③ malgré la tentative「試みにもかかわらず」は、文脈に合いません。正解は② grâce à l'initiative「提唱のおかげで」です。得点率は93%でした。

(3) まず「ボルドーの約50の家族が自発的に志願した」とあり、「20人ほどの学生が1週間前に始まったこの計画に」とつづいたあとが空欄になっています。そこから、学生が集まったのだろうと内容を推測できます。すると、① étaient exclus「除外された」は文脈に合いません。② seront obtenus「得られるだろう」は一見適合するように見えますが、時制が単純未来になっています。食事会はすでに開催されたのですからふさわしくありません。正解は③ se sont montrés intéressés「興味を示した」です。得点率は74%でした。

(4) 第3段落では、食事会に参加する意欲のある学生のなかには外国人留学生がいること、また、多くの学生が1年生であることが述べられています。そこから、彼らがどういう状況に置かれているかを推測することがだいじでしょう。① dont les parents habitent près de chez eux「両親が近くに住んでいる」は、そうであれば食事会に参加する意欲は高くはないと考えられます。② qu'elles invitent à dîner de temps en temps「家族がときどき夕食に招待している」は、食事会はまだ始まったばかりであることを考えれば不適当です。③ qui n'ont pas eu le temps de se faire des amis「友人を作る時間がなかった」は、コロナ禍という状況を考慮すれば納得できるもので、これが正解になります。得点率は82%でした。

(5) 第3段落の後半では「家族たちは学生たちをどうやって助けたらいいかわからなかったので、このプログラムを企画してありがたがられた」という、団体代表 Patricia Durand のことばが紹介されています。

第4段落の冒頭には「『孤立との戦い』はまた〜ももっている」とあり、avoir の目的語が選択肢になっています。あとにつづく部分を見てみましょう。「家族が学生をアルカションやサン＝テミリオンに連れていけるように、集団での遠足を提案したい。うるわしい日々がもどってきたらやるべきことはたくさんあります。コロナウイルスは人生を汚したけれど、積極的な企画を生まれさせてくれるものでもあります」という Patricia Durand のことばで終わっています。以上の内容から、空欄部分もポジティブな内容だと推測できます。② des ennuis d'argent「金銭的な面倒《めんどう》」、③ une vive appréhension「強い不安」はどちらもネガティブな内容であり、文脈に合いません。正解は① d'autres idées「他のアイデア」です。得点率は85%でした。

問題5全体の得点率は84%でした。

解答　(1) ③　(2) ②　(3) ③　(4) ③　(5) ①

6　**解説**　長文を読み、設問として示されている文の内容が本文の内容に一致するかどうかを判断する問題です。

出題の文章は、オランダのアムステルダムでおこなわれている「ごみ拾いクルーズ」についての話です。

(1)「アムステルダム市役所の意図は、旅行者が環境問題を気にかけるようにうながすことだった」

冒頭に Souhaitant attirer l'attention des touristes sur les problèmes environnementaux, la mairie d'Amsterdam a décidé de soutenir une compagnie de croisière locale, appelée *Plastic Dolphin*.「旅行者の注意を環境問題に引き付けることを望んで、アムステルダム市役所は『プラスチック・ドルフィン』という名の地元のクルーズ会社を支援することを決定した」とあります。設問文は本文の内容と一致します。得点率は 86%でした。

(2)「クルーズの乗客は、ひとりあたり最低 500 グラムのごみを拾わなくてはならない」

3 文目に、Pour les passagers de la croisière, l'objectif consiste à ramasser avec des filets autant d'ordures plastiques que possible pendant un tour de deux heures sur les canaux de la ville.「クルーズの乗客の目的は、市内の運河を巡る 2 時間のツアーの間にできるだけ多くのごみを網を使って集めることである」とあります。拾うべきごみの量は指定されていないので、設問文は本文の内容と一致していません。得点率は 99%でした。

(3)「『プラスチック釣り』の年間の参加者は、最初の 3 年間は 2000 人を超えなかった」

第 1 段落の最後に、Entre 2016 et 2018, l'activité intéressait moins de 2 000 personnes par an「2016 年から 2018 年の間、この活動が関心を引いたのは年に 2000 人未満の人だった」とあります。設問文は本文の内容と一致しています。得点率は 71%でした。

(4)「Mark Blok の目標は、ただ運河をきれいにするだけではなく、利益を生み出すことでもあった」

2 段落目の最初に、Mark Blok, gérant de *Plastic Dolphin*, a inventé ce programme pour débarrasser les canaux des saletés mais aussi pour en tirer profit「『プラスチック・ドルフィン』の代表 Mark Blok がこのプログラムを考案したのは、運河からごみを片づけるためであり、そこから利益を引き出すためでもあった」とあります。設問文は本文の内容と一致しています。得点率は 92%でした。

(5)「クルーズ船によって集められたプラスチックは、たとえば船を製造するためにも使用されている」

2 段落目の後半部には le plastique récupéré sert de matière première à la fabrication de mobilier de bureau ainsi qu'à la construction de bateaux, eux-mêmes utilisés pour les tours sur les canaux !「集められたプラスチックは、オフィスの備品や船の製造のための原料として役立っており、その船が運河周航にも使用されている！」とあります。設問文は本文の内容と一致しています。得点率は 90%でした。

(6)「Mark Blok によれば、旅行者は運河の汚染にはまったく責任を負っていない」

3 段落目の冒頭には、La clientèle touristique n'est pas la seule responsable de la pollution, selon Mark Blok「Mark Blok によれば、ただ観光客だけが汚染の責任を負っているわけではない」とあります。観光客にも責任はあるということですから、設問文は本文の内容と一致していません。得点率は 90%でした。

(7)「1 年間旅行者がいなかったことで、アムステルダムの運河はきれいになった」

先の文は、Mark Blok, qui reconnaît que certains habitants de la capitale ne respectent pas suffisamment l'environnement.「Mark Blok は、首都の一定数の住人が十分に環境をだいじにしていないことを認めている」とつづいています。そして Ainsi, en janvier 2021, les canaux étaient toujours couverts d'ordures, même après une année sans touristes.「したがって 2021 年 1 月時点では、1 年間観光客がいなかったあとでも、運河はなおもごみに覆われていた」とあります。設問文は本文の内容と一致していません。得点率は 87%でした。

(8)「国境封鎖が解除されたあとにはより多くの客が来てくれることを、Mark Blok は願っている」

最後の 1 文は En tout cas, Mark Blok espère que le nombre des passagers de ses bateaux augmentera de nouveau avec la réouverture des frontières.「いずれにしても Mark Blok は、国境封鎖が解除されたらもう 1 度船の乗客がふえることを期待している」となっています。設問文は本文の内容と一致しています。得点率は 92%でした。

問題6全体の得点率は89%でした。

解答 (1) ① (2) ② (3) ① (4) ① (5) ①
(6) ② (7) ② (8) ①

7

解説 長文を読み、その内容を設問にしたがって日本語で要約する問題です。出題の文章は自分の子どもの写真をSNSに投稿する親について論じたものです。

(1) 第1段落冒頭ではまず「ソーシャルネットワークに自分の子どものことでひんぱんに投稿するようになった」という説明のあと、「ネットに彼ら（親）が残すコメントは彼らの子どもに迷惑をかけるだろうか」という問題提起がなされます。そして、私生活、ひいては子どもへの気づかいに注意をはらわない人がしばしば批判されることが指摘されます。

この指摘につづく「しかし、親とソーシャルネットワーク上での親の行動をこのように非難するべきではなかろう」という文のあとに、設問(1)に対する正答をみちびくための鍵があります。Il faut en effet se rappeler que, de tout temps, les gens ont écrit dans des journaux intimes les événements de leur vie quotidienne, et collé des photos dans leurs albums.「実際、いつの時代にも、人々は日記に日常生活の出来事を書き、アルバムに写真を貼っていたことを思い出さなくてはならない」とあります。さらに、De ce point de vue, le phénomène qui provoque aujourd'hui de vives réactions n'a rien de nouveau.「この観点からは、今日激しい反応を引き起こしているこの現象はまったく新しいものではない」と説明されていますから、これが設問で問われている古くからの習慣の例の言及であることがわかります。具体的な例としてあげられている日記やアルバムの語彙を用いて字数内にまとめられるかが腕の見せどころとなります。なお、des journaux intimesを新聞と勘ちがいをした解答が散見されました。得点率は比較的高く68%でした。

(2) この設問に取り組むにあたっては、第1段落の後半部分で説明されていること全体に注目しましょう。On peut souligner par ailleurs que le fait de réunir des documents et de partager la vie de leurs enfants sur les réseaux sociaux permet aux parents de jouer plusieurs rôles : enfant, ami, parent ou encore collègue.「記録になるものを集めたり子どもの生活をソーシャルネットワーク上でシェアすることのおかげで、子ども、友人、親あるいは同僚といったいくつもの役回りを親ははたすことができるという事実をさらに強調できる」と書かれていますから、設問で問われている、ネットで自分の子どもの生活を公開することにあるメリットが説明される部分であることがわかります。つづく文ではÉcrire en ligne peut les aider à s'exprimer comme ils veulent et à développer des liens avec d'autres parents.「ネットに書くことは親が思うように自己表現したり、ほかの親と交流を深めることに役立ちうる」と指摘されていますから、自分の表現でこの2つのメリットをまとめます。解答では親が自己表現をできることに言及のないものが多く見られました。得点率は51%でした。

(3)　この設問は第2段落で説明されていることすべてがかかわります。まず、Cependant, alors que les photos des albums de famille ne sont visibles que quand vous décidez de les montrer, les posts d'images que vous mettez sur Internet peuvent être vus par tous ceux qui consultent votre profil.「しかしながら、家族のアルバム写真はそれをあなたが見せたいと思うときにしか見られないが、インターネット上にあなたが公開する写真の投稿はあなたのプロフィールを見る人全員から見られうる」と説明されていますから、設問で問われている私生活の保護をよく考えるべき理由の1つがここにあることがわかります。つづいてEt ce ne sont pas uniquement vos amis qui s'y intéressent : des entreprises exploitent les images mises en ligne sur Instagram ainsi que les vidéos de YouTube pour réunir toutes sortes de données sur les individus, dégager des modèles et les utiliser pour influencer le comportement des gens.「あなたの友人だけが興味をもつわけではない。企業が個人にかかわるあらゆる種類のデータを集め、それを使って人々の行動に影響をあたえるために、インスタグラムやユーチューブのビデオに投稿された画像を悪用する」と指摘されています。この長い説明を字数内に収めるようにまとめることがポイントです。この第2段落の終わりの1文では、Il faut tenir compte de ce « capitalisme de surveillance » et réfléchir à la façon de mieux protéger notre vie privée.「この『監視資本主義』を考慮し、私たちの私生活をよりよく守る方法を考えなくてはならない」とありますから、この段落が設問で問われている私生活の保護をよく考えるべきだという筆者の主張の理由を述べていることがあらためて確認できます。自分のことばで要約することがむずかしかったからか、得点率は低く、38%でした。

問題7全体の得点率は50%でした。

解答例 (1) 日記やアルバムに生活を記録していたこと。(20字)
(2) 親が自己表現し、ほかの親と交流を深めること。(22字)
(3) ネットの情報は不特定多数の人々の目にふれ、企業が人々の行動に影響をあたえるために使用しているから。(49字)

8

解説 和文仏訳の問題です。

第1文：「きょうの午後、久しぶりに外出をした。」

訳例：Cet après-midi, je suis sorti(e) pour la première fois depuis un bon moment.

和文仏訳は多くの受験者が苦戦する問題ですが、基本的なフランス語の表現がマスターできていないことによる失点がめだちます。たとえば、冒頭の「きょうの午後」という一節について、*Aujourd'hui* après-midi としている答案がめだったのはその好例です。Aujourd'hui, dans l'après-midi とすることは可能ですから、正しい表現を覚えることが大切です。「久しぶりに外出をした」という一節の「外出をした」については、解答例に補足して je suis sorti(e) de la maison / de ma maison / de chez moi / de mon logis と書くこともできます。ただ、de chez *mois* のような同音異義語を書いてしまう誤答も見られました。je *me* suis sorti と代名動詞のように書いてしまう解答もありました。「久しぶりに」については、解答例のほかに depuis longtemps / depuis des lustres / depuis une éternité と表わせますが、*après longtemps d'absence* のようにフランス語として成立しない解答も見られました。類語をまとめて覚えると豊かな表現力が身につきますので、日ごろから仏和、和仏辞典だけでなく、仏仏辞典も意識的に参照するようにしてください。なお、全体を *Ça fait longtemps que je suis sorti(e).* と書いた誤答も見られましたが、これは「外出してからずいぶん時間が経過した」という意味になります。

第 2 文：「そこそこ長い時間歩いてから家に帰ったら、思った以上に足が疲れていた。」

訳例：Après avoir marché assez longtemps, je suis rentré(e) à la maison les pieds plus fatigués que je n'aurais imaginé.

まず第 2 文では *Après marcher assez longtemps, je suis rentré(e) à la maison* … とする解答がめだちましたが、これでは時制が一致しません。「そこそこ長い時間歩いてから」は解答例以外に、Après avoir déambulé assez longtemps / Après (avoir fait) une promenade assez longue などとすることができます。もちろん J'ai marché assez longtemps et … とすることも可能です。ただ、*J'ai marchais* のように基本的な動詞の活用ができていない例も見られました。「足」は解答例以外にも les jambes を使うことがこの場合はできます。*jambre(s)* のようなつづりのまちがいが散見されました。基本的な身体語彙のつづりを正確に覚えるようにしましょう。「疲れていた」は解答例のほかにも las(ses) / lourd(e)s / épuisé(e)s を用いることも考えられます。実際の試験では *les pieds fatigants* という解答もありましたが、これでは「疲れさせる足」になってしまいます。「思った以上に」は解答例以外に … que je n'avais imaginé / prévu / supposé とすることもできます。

和文仏訳を勉強しながら解答例を確認する際、このように日本語とフランス語が一対一対応していない箇所に意識的に目配りすると、フランス語らしい発想を身につけることができるでしょう。なお全体を、j'ai trouvé que mes jambes étaient plus fatiguées としても可です。

第 3 文：「靴の重さを足が忘れてしまっていたようだ。」

訳例：Mes membres avaient, semble-t-il, oublié le poids des chaussures.

「足」は解答例 membres のほかに jambes / pieds を用いてもむろんかまいません。「靴」は解答例以外に souliers / godillots を使うことができるでしょうが、実際の試験では *chausseur(s)* / *chassure(s)* のようなつづりのまちがいが多く見られました。身のまわりの語彙は正確に書けるようにしましょう。「足が忘れてしまっていたようだ」を Mes jambes semblaient avoir oublié … とすることもできますが、時制に注意することが必要です。この「しまっていたようだ」は解答例のほかにも Il (me) semblait que … / j'avais l'impression que … / j'avais la sensation que … / j'ai eu l'impression que … / j'ai eu le sentiment que … としたり、Comme si … / C'est comme si … / On aurait dit que ... とすることができます。「重さ」は解答例では le poids ですが、それ以外にも la lourdeur / la pesanteur を使うことができます。一方で、*le poid* とする誤答があり、正しいつづりには単数でも s があることに注意が必要です。また「忘れて」を *oblié* とする誤答もありました。基本動詞のつづりにもていねいに注意をはらうようにしましょう。

第 4 文：「あしたから毎朝、近所の川沿いを散歩しよう。」

訳例：À partir de demain, je me promènerai chaque matin le long de la rivière voisine.

「あしたから」は解答例のほかに、À compter de demain / Dès demain を使うことができます。ただ実際の解答には、*Des demain* としてしまうものもありました。アクサンには十分に注意が必要です。「毎朝」は解答例以外にも tous les matins とすることができます。「散歩しよう」を解答例の je me promènerai とあるべきところを *je me promenerai* とアクサンを忘れる解答も多く見られました。j'irai me promener / me balader / flâner / en promenade / en balade とすることもできますが、*j'irai promener* と書かれた解答も多く、これではなにかを散歩させる意味になってしまい、自分が散歩することになりません。「川沿いを」は解答例にある le long de 以外にも au bord de としてもかまいませんが、*le long la rivière* のような誤答もありました。「近所の」は解答例のほかにも dans le voisinage / du coin / de mon quartier / près de chez moi のような表現を用いることができます。

得点率は 25％でした。

解答例 Cet après-midi, je suis sorti(e) pour la première fois depuis un bon moment. Après avoir marché assez longtemps, je suis rentré(e) à la maison les pieds plus fatigués que je n'aurais imaginé. Mes membres avaient, semble-t-il, oublié le poids des chaussures. À partir de demain, je me promènerai chaque matin le long de la rivière voisine.

書き取り・聞き取り試験

解説・解答

書き取り試験

解説　祖母の日のお祝いがなくなったかわりにグルメセットがプレゼントされて、そのセットの準備をした菓子屋もうるおったという話です。

出題文は 6 つの文からなりますが、以下そのうちの 3 つについて多くの受験者がつまずいた箇所を中心に見ていくことにします。全体の得点率は 48％でした。

第 2 文：Dans le village de ma grand-mère, cet événement permet aux habitants de se retrouver et d'échanger.

この文では意外にも基本単語の grand-mère が難所だったようです。2 割弱の受験者が *grande mère* としていたほか、無回答の答案もかなりありました。*grand_mère* や *grande-mère* とする解答も見られました。なかには *mére* や *meré* のように正しいアクサンではない解答もありました。さらにこの動詞 permet からみちびかれる aux habitants には、*des habitants* や *d'habitant* のような誤答が多く見られました。またそのあとの d'échanger を *déchanger* や *déchangé* や *déchargés* とした誤答が全体の半数近くになりました。〈permettre à ＋人＋ de ＋不定詞〉の文型を必要とすることに気づけば正しいつづりが書けたでしょうから、耳で聞き取った音声情報と、自分がつちかってきた語彙力、文法知識をもとに、どのようにつづれば正確なフランス語の文になるか考えながら 3 分間の見直し時間を有効に使ってほしいと思います。

第 4 文：À la place, on a décidé d'offrir une boîte gourmande à toutes les femmes ayant plus de 70 ans.

この文では〈décider de ＋不定詞〉の文型は正しく理解できていた解答が多かったのですが、かんじんの offrir を *offrire* と書いてしまう解答や、エリジオンをせずに *de offrir* とした誤答がありました。そのあとにある gourmande は *groumande* や *groumende* や *gourmende* とする誤答が見られました。注意深く発音を聞き取ることが大切です。ayant は現在分詞だとわからなかった解答があり、*ayons* や *et y ont* という誤答が見られましたが、文の構造を考えながら書き取ることが必要です。plus de は de が書き取れず、*plus* だけになっていたり、*plus que* とした解答がありました。

第 5 文：Les aînées étaient contentes de cette attention, et les deux pâtissiers du village qui ont préparé ces colis ont gagné beaucoup d'argent.

この文の冒頭にある Les aînées は新つづり字で Les ainées とつづることもできます。ただ、あとにつづく形容詞 contentes を考慮すれば、ここが女性形で男性形の *Les aînés* にはならないことがわかるはずです。主語と形容詞の性数の一致を忘れないという基本的な注意点をつねに念頭に置くようにするとよいでしょう。この語を *Les année(s)* と書いた解答も多い一方で、*Les âinées* や *Les aînèes* のようなアクサンのまちがいも見られました。*Les éné(s)* と存在しない単語を記した答案も多く認められました。pâtissiers には *patissier(s)* や *paticier(s)* や *patîssier(s)* という誤答が多く見られました。また et les deux pâtissiers を *elle est deux pâtissiers* とまちがえて書き取った解答も散見されましたが、主語が単数 elle では deux pâtissiers と性数が一致しないことにも注意すべきでした。colis も *collis* や *colli* や *coli* や *colies* のような誤答が多く見られました。ont gagné は主語が les deux pâtissiers だと理解できなかったためにこの部分を *on gagnait* や *on a gagné* や *on gagne* と書き取った解答がめだちました。全体の構文を正しく理解することが大切です。

解 答　En France, la fête des grands-mères est célébrée le 1er dimanche de mars de chaque année. Dans le village de ma grand-mère, cet événement permet aux habitants de se retrouver et d'échanger. Ce n'était malheureusement pas possible ce printemps, parce qu'on a annulé la fête. À la place, on a décidé d'offrir une boîte gourmande à toutes les femmes ayant plus de 70 ans. Les aînées étaient contentes de cette attention, et les deux pâtissiers du village qui ont préparé ces colis ont gagné beaucoup d'argent. C'était donc aussi une bonne opération pour soutenir les commerçants locaux.

聞き取り試験

1

(1) Elle a vu une chose qui (　　　) à un (　　　) humain.
(2) Elle faisait une (　　　).
(3) Elle a envoyé des (　　　) inspecter les (　　　).
(4) Une pomme de terre sur laquelle (　　　) des (　　　).
(5) Elle était (　　　) d'avoir téléphoné à la police.
(6) Elle a (　　　) Nathalie de l'avoir (　　　).

(読まれるテキスト)

Le journaliste : On dit qu'il vous est arrivé quelque chose de bizarre. Qu'est-ce qui s'est passé ?

Nathalie : Un jour, j'ai aperçu sur le sol quelque chose qui ressemblait à un pied humain.

Le journaliste : C'était quand ?

Nathalie : C'était il y a un mois exactement, lorsque je promenais mon chien au bord de la mer.

Le journaliste : Qu'est-ce que vous avez fait alors ?

Nathalie : Très choquée, j'ai appelé la police. Tout de suite après, elle a envoyé une équipe de spécialistes pour inspecter les lieux en détail.

Le journaliste : Quels ont été les résultats de l'enquête ?

Nathalie : En réalité, ce « pied humain » était une pomme de terre sur laquelle poussaient des champignons.

Le journaliste : Qu'est-ce que les policiers ont dit de cette affaire ?

Nathalie : J'étais honteuse de les avoir appelés, mais ils m'ont remerciée de les avoir prévenus.

（読まれる質問）

un : Qu'est-ce que Nathalie a vu sur le sol ?
deux : Qu'est-ce que Nathalie faisait à ce moment-là ?
trois : Qu'est-ce que la police a fait après avoir reçu l'appel de Nathalie ?
quatre : Ce que Nathalie avait trouvé, c'était quoi, finalement ?
cinq : Comment Nathalie s'est sentie après cette affaire ?
six : Quelle a été la réaction de la police ?

解説 フランス語の対話文（インタビュー形式であることが多いです）とその内容に関する質問を聞き取り、質問に対する答えとなる空欄をうめて完成させる問題です。今回は人の足に見えるジャガイモをみつけて警察を呼んだ女性に対するインタビューです。

(1) 「Nathalieは地面に何を見たのか」という質問です。Nathalieの発言、とりわけUn jour, j'ai aperçu sur le sol quelque chose qui ressemblait à un pied humain.「ある日、私は地面になにか人の足に似たものを見かけたのです」という一節に注目しましょう。すると1つ目の空欄にはressemblait、2つ目の空欄にはpiedを入れるとよいとわかります。1つ目の空欄については、*resemblait*と記した答案が1割強ありました。正しいつづりを覚えることがかんじんです。一方で*ressemble*と現在形にした解答や*ressemblé*と過去分詞を書いた解答が多くありました。2つ目の空欄については、*pié*や*pièd*のような誤答が見られました。得点率は順に40%、78%でした。

(2) 「Nathalieはそのとき何をしていたのか」という質問です。これについては、Nathalieの2つ目の発言にあるC'était il y a un mois exactement, lorsque je promenais mon chien au bord de la mer. という一節が対応しますが、une のあとにある空欄ですから promenais を名詞化した promenade を入れます。同義語の balade も可能です。*promnade* や *prommenade* のようなつづりのまちがいも散見されましたが、Nathalie の 3 つ目の発言にある Très choquée, j'ai appelé la police. と対応させてしまい、*appel* と解答した答案が多くありました。しかし appel は男性名詞ですから不定冠詞 une と合致しません。得点率は 55%でした。

(3)「Nathalie の通報を受けて警察は何をしたか」という質問です。これについては、Nathalie の 3 つ目の発言にある Tout de suite après, elle a envoyé une équipe de spécialistes pour inspecter les lieux en détail.「それからすぐに警察は現場を詳細に調べるために専門家チームを派遣しました」という文に着目しましょう。1 つ目の空欄については、直前に不定冠詞の des がありますから spécialistes が入ります。*équipe* とした解答が多くありましたが、Nathalie の発言には une équipe とありますからまちがいです。このほか、*specialistes* とアクサンのないつづりや、*spécialists* としたつづりのまちがいが多く見られました。2 つ目の空欄については、直前に定冠詞 les がありますから複数形の lieux が入ります。単数形の *lieu* や語尾に s をつけて複数形にしようとした *lieus* のようなまちがいが多く認められました。得点率は順に 31%、47%でした。

(4)「Nathalie がみつけたものは結局何だったのか」という質問です。これについては Nathalie の 4 つ目の発言にある En réalité, ce « pied humain » était une pomme de terre sur laquelle poussaient des champignons.「じつは、その『人の足』はキノコが生えたジャガイモだったのです」という一節が対応します。1 つ目の空欄には poussaient が入り、2 つ目の空欄には champignons が入ることがわかります。この部分は主語 des champignons と動詞 poussaient が倒置しているためか、1 つ目の空欄については *poussait* とした解答が 2 割弱認められたほか、不定詞の *pousser* や過去分詞の *poussé(e)* とした解答が全体の 3 割強になりました。文の構造をていねいに検討し、正しい解答をみちびくことが大切です。2 つ目の空欄については、*champinion(s)* や *champignion(s)* や *champinigon(s)* のようなつづりのまちがいが多数認められました。基本単語のつづりを正しく覚えることを心がけたいものです。得点率は順に9%、39%でした。

(5)「この事件のあとNathalieはどう感じたのか」という質問です。Nathalieの最後の発言にあるJ'étais honteuse de les avoir appelés「彼らに通報したのが恥ずかしかった」という一節に注目しましょう。すると空欄にはhonteuseが入るとわかります。正しいつづりが思いつかなかったためか、*entouse*や*hanteuse*や*onteuse*のようなさまざまな誤答が確認されました。また、1割強が無回答でした。鼻母音のある語のつづりには注意が必要です。得点率は36%でした。

(6)「警察の反応はどういったものだったか」という質問です。Nathalieの最後の発言にあるmais ils m'ont remerciée de les avoir prévenus「しかし彼らに通報したことで彼らは私に感謝した」という一節に注目します。すると1つ目の空欄にはremerciéが入り、2つ目の空欄にはprévenueが入るとわかります。1つ目の空欄については*remércié*や*remèrcié*のようなアクサンがおかしな位置にある誤答が散見されたほか、現在形*remercie*や不定詞*remercier*とする解答も多くありました。空欄の直前がElle aとなっていることから現在形や不定詞が入らないことは明らかですから、ここでも文の構造をあらかじめ考慮して解答することが必要です。一方で2つ目の空欄については、直接目的補語のlaが複合過去の過去分詞の前に置かれていますから、過去分詞は直接目的補語の性数と一致します。しかしその性数の一致を忘れて*prévenu*とした誤答がじつに3分の1以上にもなりました。アクサンを忘れて*prevenu(e)*とした解答も全体の2割になりました。文法を意識して正答をみちびくことが大切です。得点率は順に71%、24%でした。

聞き取り1全体の得点率は43%でした。

解答

(1) (ressemblait) (pied)
(2) (promenade)
(3) (spécialistes) (lieux)
(4) (poussaient) (champignons)
(5) (honteuse)
(6) (remercié) (prévenue)

2

（読まれるテキスト）

Quand j’étais jeune, je travaillais à la mairie de mon arrondissement. Tous les jours, je commençais à huit heures. D’abord, je passais l’aspirateur dans les salles et les couloirs. Il fallait faire attention, car on avait parfois jeté des chewing-gums par terre. À la mairie, tout le monde n’était pas bien élevé ! Ensuite, j’essuyais les tables. Là non plus, ce n’était pas toujours plaisant. Car elles étaient souvent sales ; les employés maladroits y avaient renversé du café ou du jus de fruits. Et puis, je vidais les poubelles. Il m’arrivait d’y récupérer des stylos ou des lunettes, qui étaient tombés dedans. Naturellement, je les restituais à leurs propriétaires distraits. Enfin, je lavais les toilettes. Je n’insiste pas là-dessus ; les détails seraient dégoûtants.

En fait, je n’étais pas seule à faire ce travail. J’avais un jeune collègue. Mais il ne m’aidait pas beaucoup. Chaque jour, il arrivait avec une demi-heure de retard. Et il entrait tout de suite dans la bibliothèque, en me disant qu’il allait la nettoyer avec un balai. Ce n’était pas vrai. Au lieu de travailler, il passait son temps à lire les livres et les journaux. Pourquoi n’a-t-il jamais eu de problèmes ? Sans doute parce que c’était le fils du maire.

（読まれる内容について述べた文）

un : Aline travaillait à la mairie de son arrondissement quand elle était jeune.

deux : Chaque jour, Aline commençait par nettoyer l'entrée avec un aspirateur.

trois : À la mairie, les gens avaient parfois jeté par terre des chewing-gums.

quatre : Aline pense que tous les employés de la mairie étaient bien élevés.

cinq : Quand Aline arrivait, les tables de la mairie étaient toujours très propres.

six : Aline trouvait de temps en temps des lunettes dans les poubelles.

sept : Aline préfère ne pas parler des toilettes.

huit : Aline avait un collègue paresseux.

neuf : La seule chose que le collègue d'Aline faisait dans la bibliothèque, c'était de lire.

dix : Le maire était le fils du collègue d'Aline.

解説 ある程度の長さの文章と、その内容について述べた設問文を聞き取り、後者の内容が前者と一致するかどうか判断する問題です。今回の文章は、若いころに清掃員として区役所で働いていた女性の話です。

(1)「Aline は若いころに彼女の区の区役所で働いていた」。本文第 1 番目の文には、Quand j'étais jeune, je travaillais à la mairie de mon arrondissement.「私（Aline）は若いころ、私の区の区役所で働いていた」とありますので、設問文は本文の内容と一致します。得点率はきわめて高く、99％でした。

(2)「毎日、Aline は掃除機で入口を清掃することから始めた」。本文第 3 番目の文には、D'abord, je passais l'aspirateur dans les salles et les couloirs.「まず、私（Aline）は部屋と廊下に掃除機をかけた」とありますので、設問文は本文の内容と一致しません。得点率は 75％でした。

(3)「区役所ではときには人々がチューインガムを床に捨てていた」。本文第 4 番目の文には Il fallait faire attention, car on avait parfois jeté des chewing-gums par terre.「注意しなくてはなりませんでした、なぜならばときにはチューインガムが床に捨てられていたからです」とありますので、設問文は本文の内容と一致します。得点率は 92%でした。

(4)「区役所の職員はみな行儀がよいと Aline は思っている」。本文第 5 番目の文には À la mairie, tout le monde n'était pas bien élevé !「区役所ではみなが行儀がよいわけではありませんでした」とありますので、設問文は本文の内容と一致しません。得点率は 92%でした。

(5)「Aline が到着したとき、区役所のテーブルはいつも清潔だった」。区役所のテーブルのことについて述べている本文第 8 番目の文には Car elles étaient souvent sales ; les employés maladroits y avaient renversé du café ou du jus de fruits.「なぜならばしばしば汚れていたからで、不器用な職員がコーヒーやフルーツジュースをこぼしていたのです」とありますので、設問文は本文の内容と一致しません。得点率は 94%でした。

(6)「Aline はときどきゴミ箱のなかに眼鏡をみつけた」。ゴミ箱のことについて述べる本文第 10 番目の文では、Il m'arrivait d'y récupérer des stylos ou des lunettes, qui étaient tombés dedans.「私（Aline）はそのなかに落ちていた万年筆や眼鏡を回収することがありました」とありますので、設問文は本文の内容と一致します。得点率は 85%でした。

(7)「Aline はトイレのことは話したがらない」。トイレのことについて述べる本文第 13 番目の文には Je n'insiste pas là-dessus ; les détails seraient dégoûtants.「そのことについてはとくに話しません。くわしいことは不快でしょうから」とありますので、設問文は本文の内容と一致します。得点率は 64%でした。

(8)「Aline には怠け者の同僚がいた」。本文第 15、16、17 番目の文には J'avais un jeune collègue. Mais il ne m'aidait pas beaucoup. Chaque jour, il arrivait avec une demi-heure de retard.「私（Aline）には若い同僚がいました。

しかし私のことをあまり手伝ってくれませんでした。毎日、彼は半時間遅れて来ました」とありますので、設問文は本文の内容と一致します。得点率は69%でした。

(9) 「Aline の同僚が図書室でしていた唯一のことは読書でした」。同僚のことについて述べる本文第 20 番目の文には Au lieu de travailler, il passait son temps à lire les livres et les journaux.「仕事をするかわりに、彼は本や新聞を読んで過ごしていたのです」とありますので、設問文は本文の内容と一致します。得点率は 83%でした。

(10) 「市長は Aline の同僚の息子でした」。同僚のことについて述べる本文最後の文の後半には、[...] c'était le fils du maire.「市長の息子だったのです」とありますので、設問文は本文の内容と一致しません。得点率は 74%でした。

聞き取り2全体の得点率は 83%でした。

解答　(1) ①　(2) ②　(3) ①　(4) ②　(5) ②
(6) ①　(7) ①　(8) ①　(9) ①　(10) ②

1 次試験配点表

筆記試験	1	2	3	4	5	6	7	8	小計	書き取り	小計	聞き取り	1	2	小計	計
	10点	5	5	10	5	16	15	14	80		20		10	10	20	120

2 次試験

解 説

2 次試験の問題はすべて **A**、**B** 2 つのテーマからなり、どちらか 1 つを選択します。**A** は政治や経済、社会などに関する時事的な問題、**B** はより日常的、一般的な話題を扱ったものです。今回出題されたテーマは以下の組み合わせでした。どの組み合わせが受験者に手渡されるのかは、試験直前までわかりません。

なお、通常は日本会場用の問題とパリ会場用の問題の 2 セットがありますが、2021 年度はパリ会場での試験実施が中止されましたので、以下、日本会場用の問題についてのみ掲載、解説します。

1. **A)** 衛生パスに賛成ですか、反対ですか。
   B) あなたにとって、AI（人工知能）が私たちの社会にもたらす変化はどのようなものでしょうか。

2. **A)** オリンピックは何の役に立つのでしょうか。
   B) 日本では子どもの数が減りつつあるのに、小学校の教員は仕事がますますふえています。これについてどう考えますか。

3. **A)** 日本はいまなお豊かな国だと思いますか。
   B) できるのであれば宇宙を旅したいですか。

受験者は、面接の 3 分前に 1. ～3. のいずれかのテーマが書かれた紙を渡され、面接が始まるまでに **A**、**B** いずれかを選んでそのテーマについての考えをまとめておきます。入室後、面接委員（通常、フランス人と日本人の計 2 人）が氏名などに関してフランス語で簡単な質問をしますので、フランス語で答えてください。そのあと、選んだテーマについて 3 分間の exposé をおこない、つづいて、それに対する質疑応答が面接委員との間でおこなわれます（全体で約 7 分）。

面接委員による総合評価は以下の 3 点を軸にすえておこなわれます。

(1) 受験者のexposéの内容と構成、議論の展開における論理性、適切な具体例の提示による説得力。
(2) 面接委員からの意見や反論に的確に答え、自分の意見を展開できるインターラクティブなコミュニケーション能力。
(3) 受験者のフランス語の質（発音、文法、語彙力、表現力など）。

受験者の全体的な傾向として、あたえられた主題について、一貫して賛成か反対かのいずれかの立場に立って意見を述べようとする傾向が強いように思われます。しかし、フランスの学校教育にはディセルタシオンの伝統があります。これはあたえられた問題について、まず賛成の立場をとる人の論拠、次に反対の立場をとる人の論拠を示したうえで、最後にそれらを総合して自分の考えを述べるというものです。こうした訓練を受けてきたフランス人面接委員にとって、物事のあるひとつの側面にしか目を向けられていない口頭発表はものたりないという印象をあたえるようです。たとえば、1. **A**) の衛生パスの問題については、衛生パスの利点（社会経済活動を正常化させるために必要な手段、など）と、問題点（ワクチン未接種者への差別の助長、個人情報としてPCR検査結果の表示方法は適切であるか、など）の双方をあげたうえで、最終的に自分がどちらの立場に立つのかを示すとよいでしょう。フランスにおける衛生パスとその後導入されたワクチン・パスとの比較もよい論点になるでしょうし、日仏の対策のちがいにふれるのも内容のあるexposéを展開するうえで有効な手段でしょう。

また、充実したexposéを準備するには、日ごろから新聞や雑誌で議論されている問題に意識を向け、そこで用いられている語彙や表現をメモするなどして積極的に覚えていくことが求められます。たとえば1. **B**) のAI（人工知能）にかかわる課題では、インターネットの便利さを例にだす受験者が多くいましたが、インターネットの活用自体はAIとは言えませんから論点がずれてしまいます。時事的テクストを読み込む作業は、準1級から1級へのステップアップにもおおいに役立ちます。

3分間で自分の意見を述べるというのは日本語でも骨の折れることです。論点を整理し、何を問われているかを理解し、自分の意見を論理的にまとめて話すことは容易ではありません。過去に出題されたテーマや実際に出題されそうなテーマについて、どのような議論が展開できそうかフランス語で文章にまとめてみることもよい訓練になるでしょう。なお、『仏検公式ガイド

ブック　セレクション　準 1 級』に複数年の過去問をそろえました。たくさんの問題に取り組み、しっかり対策を練ることによって、自信をもって試験にのぞめます。『セレクション』もぜひ参照してください。

学校別受験者数一覧

2020 年度秋季　＜大学・短大別出願状況＞

出願者数合計が 10 名以上の学校を抜粋しました（50 音順）。

	学　校　名	合計		学　校　名	合計		学　校　名	合計
団体	愛知県立大学	60	団体	國學院大學	14	団体	常葉大学	11
	愛知大学	16		国際基督教大学	11	団体	獨協大学	66
団体	青山学院大学	108	団体	駒澤大学	11	団体	富山大学	19
団体	秋田大学	14		滋賀医科大学	11	団体	長崎外国語大学	49
団体	茨城キリスト教大学	65	団体	順天堂大学	171	団体	長崎大学	42
	岩手大学	17	団体	上智大学	110	団体	名古屋外国語大学	70
団体	愛媛大学	11	団体	昭和女子大学	46		名古屋大学	11
団体	大阪教育大学	14	団体	白百合女子大学	96	団体	南山大学	39
団体	大阪大学	80	団体	信州大学	12		新潟大学	13
団体	お茶の水女子大学	33	団体	椙山女学園大学	14		日本女子大学	19
団体	学習院大学	125		成蹊大学	10	団体	日本大学	35
団体	鹿児島純心女子短期大学	13	団体	成城大学	41		広島市立大学	10
団体	鹿児島大学	19	団体	聖心女子大学	25	団体	広島大学	14
団体	金沢大学	22	団体	西南学院大学	29	団体	フェリス女学院大学	10
	関西大学	27	団体	拓殖大学	29	団体	福岡大学	65
	関西学院大学	63	団体	千葉大学	15	団体	法政大学	40
団体	九州大学	28	団体	中央大学	63		北星学園大学	17
団体	京都外国語大学	65		筑波大学	12		北海道大学	15
団体	京都産業大学	21		津田塾大学	20	団体	武庫川女子大学	237
団体	京都女子大学	29	団体	帝京大学	19	団体	武蔵大学	26
団体	京都大学	26	団体	東海大学	27	団体	明治学院大学	62
団体	共立女子大学	44		東京外国語大学	22	団体	明治大学	120
団体	金城学院大学	64		東京大学	61	団体	目白大学	10
	群馬大学	12		東京都立大学	25	団体	山形大学	70
団体	慶應義塾大学	247		同志社大学	21	団体	立教大学	117
団体	甲南大学	12	団体	東北学院大学	13	団体	立命館大学	64
	神戸市外国語大学	10		東北大学	136	団体	龍谷大学	11
	神戸女学院大学	11	団体	東洋英和女学院大学	19	団体	早稲田大学	125
団体	神戸大学	14		東洋大学	47			

2020 年度秋季　＜小・中・高校・専門学校別出願状況＞

出願者数合計が 5 名以上の学校を抜粋しました（50 音順）。

	学　校　名	合計		学　校　名	合計		学　校　名	合計
団体	アサンプション国際中学校・高等学校	82	団体	慶應義塾高等学校	15	団体	同志社国際中学校・高等学校	5
団体	埼玉県立伊奈学園総合高等学校	23		慶應義塾湘南藤沢中・高等部	6	団体	日本外国語専門学校	23
団体	東京都立桜修館中等教育学校	5	団体	神戸海星女子学院中学・高等学校	70		日本女子大学附属中学校・高等学校	5
団体	大妻中野中学校・高等学校	125		神戸国際中学校・高等学校	8	団体	東京都立日比谷高等学校	9
団体	カリタス小学校	44	団体	岩手県立不来方高等学校	12	団体	福島県立福島南高等学校	23
団体	カリタス女子中学高等学校	134	団体	湘南白百合学園中学・高等学校	9	団体	雙葉中学校・高等学校	16
	神田外語学院	15	団体	白百合学園中学高等学校	188	団体	東京都立三田高等学校	13
団体	東京都立北園高等学校	6	団体	聖ウルスラ学院英智高等学校	36	団体	明治大学付属中野八王子中学校・高等学校	8
団体	暁星国際小学校	18	団体	聖ドミニコ学園中学高等学校	45	団体	神奈川県立横浜国際高等学校	37
団体	暁星国際中学・高等学校	5	団体	兵庫県立宝塚西高等学校	5	団体	早稲田大学高等学院	64
団体	暁星国際流山小学校	52	団体	東京学芸大学附属国際中等教育学校	7			
団体	暁星中学・高等学校	19	団体	東京女子学院中学校高等学校	8			

2021 年度春季　＜大学・短大別出願状況＞

出願者数合計が 10 名以上の学校を抜粋しました（50 音順）。

	学　校　名	合計		学　校　名	合計		学　校　名	合計
団体	愛知県立大学	36	団体	順天堂大学	14	団体	富山大学	21
	愛知大学	13	団体	上智大学	84	団体	長崎外国語大学	36
団体	青山学院大学	83	団体	昭和女子大学	24	団体	長崎大学	44
団体	茨城キリスト教大学	19	団体	白百合女子大学	75	団体	名古屋外国語大学	54
	岩手大学	19	団体	信州大学	11	団体	南山大学	38
団体	大阪大学	72	団体	成城大学	37		新潟大学	15
団体	お茶の水女子大学	19	団体	聖心女子大学	18	団体	日本大学	21
	香川大学	11	団体	西南学院大学	49		広島市立大学	11
団体	学習院大学	57		大東文化大学	11	団体	フェリス女学院大学	21
団体	金沢大学	18	団体	拓殖大学	12	団体	福岡女子大学	13
	関西大学	19	団体	千葉大学	10	団体	福岡大学	38
	関西学院大学	45	団体	中央大学	61	団体	法政大学	25
団体	九州大学	17		津田塾大学	14		北海道大学	14
団体	京都外国語大学	57	団体	帝京大学	18	団体	武庫川女子大学	10
団体	京都産業大学	20	団体	東海大学	14	団体	武蔵大学	39
団体	京都大学	17		東京外国語大学	23	団体	明治学院大学	56
団体	共立女子大学	30		東京大学	62	団体	明治大学	68
団体	金城学院大学	28		東京都立大学	13		横浜国立大学	14
団体	慶應義塾大学	169		東京理科大学	10	団体	立教大学	84
団体	甲南大学	10		同志社大学	28	団体	立命館大学	26
団体	國學院大學	10		東北大学	41	団体	龍谷大学	14
団体	国際教養大学	24		東洋大学	33	団体	早稲田大学	178
	滋賀医科大学	26	団体	獨協大学	45			

2021 年度春季　＜小・中・高校・専門学校別出願状況＞

出願者数合計が 5 名以上の学校を抜粋しました（50 音順）。

	学　校　名	合計		学　校　名	合計		学　校　名	合計
団体	アサンプション国際中学校・高等学校	44	団体	神戸海星女子学院中学・高等学校	7	団体	同志社国際中学校・高等学校	5
団体	埼玉県立伊奈学園総合高等学校	37		神戸国際中学校・高等学校	8	団体	日本外国語専門学校	26
団体	大妻中野中学校・高等学校	55	団体	兵庫県立国際高等学校	5	団体	岩手県立花巻南高等学校	5
	学習院女子中・高等科	6	団体	岩手県立不来方高等学校	5	団体	福島県立福島南高等学校	19
団体	カリタス女子中学高等学校	108	団体	湘南白百合学園中学・高等学校	5	団体	雙葉中学校・高等学校	16
	神田外語学院	19	団体	白百合学園中学高等学校	147	団体	神奈川県立横浜国際高等学校	31
団体	暁星国際中学・高等学校	5	団体	聖ウルスラ学院英智高等学校	56	団体	立命館宇治中学校・高等学校	31
団体	暁星国際流山小学校	52	団体	聖ドミニコ学園中学高等学校	30	団体	埼玉県立和光国際高等学校	5
団体	暁星中学・高等学校	38		奈良県立高取国際高等学校	7	団体	早稲田大学高等学院	9
団体	慶應義塾高等学校	6	団体	東京学芸大学附属国際中等教育学校	5			
団体	啓明学園中学校・高等学校	11	団体	東京女子学院中学校高等学校	6			

2021 年度秋季　＜大学・短大別出願状況＞

出願者数合計が 10 名以上の学校を抜粋しました（50 音順）。

	学　校　名	合計		学　校　名	合計		学　校　名	合計
団体	愛知県立大学	44		神戸女学院大学	11		東北大学	176
	愛知大学	24	団体	神戸大学	14	団体	東洋英和女学院大学	17
団体	青山学院大学	116	団体	国際教養大学	19		東洋大学	76
団体	秋田大学	21		国際基督教大学	11	団体	常葉大学	24
団体	亜細亜大学	43		滋賀医科大学	25	団体	獨協大学	80
団体	跡見学園女子大学	13		静岡文化芸術大学	10	団体	富山大学	27
団体	茨城キリスト教大学	52		島根大学	55	団体	長崎外国語大学	22
	岩手大学	13	団体	順天堂大学	151	団体	長崎大学	46
団体	宇都宮大学	11	団体	上智大学	124	団体	名古屋外国語大学	59
団体	愛媛大学	11	団体	昭和女子大学	43	団体	南山大学	43
団体	大阪教育大学	27	団体	白百合女子大学	131		新潟大学	14
団体	大阪大学	104	団体	成城大学	57		日本女子大学	12
団体	大妻女子大学	13	団体	聖心女子大学	25	団体	日本大学	56
	岡山大学	15		清泉女子大学	10	団体	フェリス女学院大学	15
	小樽商科大学	11	団体	西南学院大学	28	団体	福岡女子大学	15
団体	お茶の水女子大学	40		専修大学	21	団体	福岡大学	64
	香川大学	10		大東文化大学	21	団体	法政大学	38
団体	学習院大学	108	団体	拓殖大学	35		北星学園大学	10
団体	金沢大学	37	団体	千葉大学	19		北海道大学	10
	関西大学	31	団体	中央大学	96		松山大学	30
	関西学院大学	65		中京大学	11	団体	武庫川女子大学	179
団体	九州産業大学	11		津田塾大学	24	団体	武蔵大学	49
団体	九州大学	43	団体	都留文科大学	11	団体	明治学院大学	93
団体	京都外国語大学	71	団体	帝京大学	30	団体	明治大学	184
団体	京都産業大学	113	団体	東海大学	26		名城大学	12
団体	京都女子大学	17		東京外国語大学	21	団体	山形大学	102
団体	京都大学	24		東京大学	64		横浜国立大学	13
団体	共立女子大学	57		東京都立大学	18	団体	立教大学	222
団体	金城学院大学	51		東京理科大学	13	団体	立命館大学	71
団体	慶應義塾大学	293		同志社大学	30	団体	龍谷大学	15
団体	甲南大学	15	団体	東北学院大学	14	団体	早稲田大学	254

2021 年度秋季　＜小・中・高校・専門学校別出願状況＞

出願者数合計が 5 名以上の学校を抜粋しました（50 音順）。

	学　校　名	合計		学　校　名	合計		学　校　名	合計
団体	アサンプション国際中学校・高等学校	31	団体	慶應義塾高等学校	12	団体	東京女子学院中学校高等学校	11
団体	埼玉県立伊奈学園総合高等学校	26	団体	神戸海星女子学院中学・高等学校	55	団体	日本外国語専門学校	33
団体	大妻中野中学校・高等学校	67		神戸国際中学校・高等学校	8	団体	岩手県立花巻南高等学校	5
	学習院女子中・高等科	11	団体	岩手県立不来方高等学校	8	団体	東京都立日比谷高等学校	16
団体	カリタス小学校	50	団体	湘南白百合学園中学・高等学校	11	団体	雙葉中学校・高等学校	8
団体	カリタス女子中学高等学校	123	団体	白百合学園中学高等学校	131	団体	東京都立三田高等学校	12
	神田外語学院	12	団体	大阪府立住吉高等学校	5	団体	明治大学付属中野八王子中学校・高等学校	6
団体	暁星国際小学校	20	団体	聖ウルスラ学院英智高等学校	34	団体	神奈川県立横浜国際高等学校	18
団体	暁星国際中学・高等学校	7		成蹊高等学校	9	団体	埼玉県立和光国際高等学校	8
団体	暁星国際流山小学校	34	団体	聖ドミニコ学園中学高等学校	34	団体	早稲田大学高等学院	92
団体	暁星中学・高等学校	47		奈良県立高取国際高等学校	6			

文部科学省後援

実用フランス語技能検定試験

2022 年度版 1 級・準 1 級

仏検公式ガイドブック

定価　3,190 円
（本体 2,900 円＋税 10 %）

2022 年 4 月15日 発行

編 者
発 行 者　公益財団法人　フランス語教育振興協会

発行所　公益財団法人　**フランス語教育振興協会**
〒102-0073 東京都千代田区九段北 1-8-1 九段101ビル 6F
電話 (03) 3230-1603　FAX (03) 3239-3157
https://apefdapf.org

発売所　（株）**駿　河　台　出　版　社**
〒101-0062 東京都千代田区神田駿河台 3-7
振替口座 00190-3-56669番
電話 (03) 3291-1676（代）　FAX (03) 3291-1675
http://www.e-surugadai.com

ISBN978-4-411-90300-6　C0085　￥2900E